Dr. Hans W. Kothe

Farb-
mäuse

Haltung,

Pflege,

Ernährung,

Gesundheit

Quick Info

Farbmäuse auf einen Blick

Farbmäuse im Größenvergleich

Farbmäuse, deren Beliebtheit stetig wächst, sind die
kleinsten im Hause gehaltenen Nager. Achten Sie daher
bei der Auswahl des Käfigs darauf, dass seine Stäbe einen
Abstand von höchstens sieben bis acht Millimeter haben,
weil besonders Jungtiere sonst häufig ausbrechen.

Farbmäuse gehören mit gerade einmal
10 Zentimeter Länge (ohne Schwanz) und
etwa 25 Gramm zu den kleinsten Heimtieren.

Farbmäuse in Stichworten

Wesen	Farbmäuse sind sehr gesellige Tiere mit einem ausgeprägten Sozialverhalten, sodass man sie auf keinen Fall einzeln halten sollte. Die Hauptaktivität der kleinen Nager liegt in den Abend- und Nachtstunden; da sie sehr zutraulich werden, kommen sie aber auch tagsüber oft aus ihren Verstecken.
Pflege	Farbmäuse sind vergleichsweise pflegeleichte Tiere, die auch Menschen empfohlen werden können, die zuvor noch keine Tiere gehalten haben.
Bewegung	Mäuse sind recht aktive Tiere, die ausreichend Bewegungsmöglichkeiten (z. B. Laufräder, Leiter, Laufplanken oder Kletterseile) brauchen.
Ansprüche	Farbmäuse sind relativ anspruchslose und anpassungsfähige Tiere, die auch in kleineren Wohnungen gehalten werden können.

Das Leben mit Farbmäusen

Gut eingewöhnte Farbmäuse sind sehr zutraulich, sodass sie problemlos auf die Hand kommen
oder auf der Schulter herumklettern. Als Streicheltiere für kleinere Kinder sind sie allerdings weniger gut geeignet als die robusteren Meerschweinchen oder Zwergkaninchen.

Das müssen Sie wissen

 Farbmäuse lieben die Gesellschaft von Artgenossen Daher sollte man stets mehrere der possierlichen Nager halten.

 Farbmäuse sind sehr fruchtbare Tiere Wer Männchen und Weibchen zusammen hält, muss damit rechnen, dass Mäuseweibchen bis zu achtmal im Jahr sechs bis neun Junge werfen. Und diese können selbst bereits nach etwa zwei Monaten wieder geschlechtsreif sein.

 Farbmäuse sind Nagetiere Käfige aus Holz sind für Mäuse ungeeignet, denn sie werden sehr schnell an- oder gar durchgenagt. Aber auch hölzerne Einrichtungsgegenstände, etwa Schlafhäuschen, haben dem Nagetrieb der Farbmäuse meist wenig entgegenzusetzen. Außerdem saugen sich Holzteile leicht mit Urin voll, dessen unangenehmer Geruch sich nur schwer wieder beseitigen lässt.

 Farbmäuse werden normalerweise nur zwei bis drei Jahre alt → Besonders Kinder finden sich oft nur schwer mit dem Tod eines Tieres ab. Vor der Anschaffung sollten Sie daher unbedingt berücksichtigen, dass diese Nager nur eine geringe Lebenserwartung haben.

Erst andere Artgenossen machen ein Mäusedasein lebenswert.

Quick Info

Das Besondere an Farbmäusen

✤ Farbmäuse haben wurzellose **Schneide-zähne,** die immer wieder nachwachsen. Bei falscher Ernährung können sie aber so lang werden, dass der Tierarzt sie kürzen muss.

✤ **Mäusejunge,** die nicht nur nackt und blind zur Welt kommen, sondern gerade einmal zwei bis drei Zentimeter lang sind und kaum mehr als ein Gramm wiegen, sind in ihren ersten Lebenswochen vollkommen auf die Mutter angewiesen. Erst nach etwa dreizehn Tagen ist das Fell der Jungtiere voll ausgebildet und die Augen haben sich geöffnet; ganz allmählich führen die Jungen ein eigenständiges Leben.

✤ Mäuse bilden feste **Familienverbände,** in denen das soziale Leben streng geregelt ist. Besonders unter den Männchen herrscht eine Rangordnung, die durch Drohgebärden und kleinere Beißereien ausgefochten und dann eine Zeit lang eingehalten wird.

✤ **Vorsicht:** Alle Mitglieder einer Mäuse-familie erkennen sich sehr genau am Geruch. Daher kann man nicht einfach eine fremde Maus zu einer solchen Familien-gruppe setzen, weil der Außenseiter sofort attackiert und nicht selten ernsthaft verletzt wird.

Damit ihre Zähne nicht zu lang werden, brauchen Farbmäuse stets etwas Festes zum Nagen.

Körperbau und Sinne

✤ **Sehvermögen:** Mäuse haben keine besonders gut entwickelten Augen, weshalb sie ihre Umgebung nur schemenhaft wahrnehmen. Daher erkennen sie meist auch eine bewegungslos vor ihrem Loch sitzende Katze nicht und laufen so leicht ins Verderben.

✤ **Geruchssinn:** Im Gegensatz zum Sehvermögen ist der Geruchssinn der hauptsächlich in der Dämmerung und in der Nacht aktiven Mäuse sehr gut entwickelt. Er dient aber nicht nur zum Aufspüren von Nahrung, sondern auch zur Erkennung anderer Familienmitglieder.

✤ **Gehör:** Wie viele dämmerungs- und nachtaktive Tiere können auch Mäuse außerordentlich gut hören. Da sich ihre Feinde (z. B. Katzen) aber meist lautlos anschleichen, nützt den Nagern ihr gutes Gehör oft wenig.

✤ **Tastsinn:** Dank der langen Tasthaare um die Schnauze, die an der Wurzel mit empfindlichen Nervenzellen verbunden sind, ist der Tastsinn der Mäuse ebenfalls gut entwickelt. Daher finden sie sich selbst bei völliger Dunkelheit noch hervorragend zurecht. Außerdem zeigen die Haare der Maus innerhalb von Sekundenbruchteilen an, ob ihr gesamter Körper durch einen Spalt oder in ein Loch passt.

✤ **Vorsicht:** Da Mäuse schnelle Bewegungen oder herabfallende Schatten wegen ihres schlechten Sehvermögens nicht richtig einordnen können, fliehen sie oft in panischer Angst. Solche stressbeladenen Fluchtversuche unterbleiben, wenn man sich dem Käfig langsam nähert, sodass die Tiere dank des guten Geruchssinns „ihren" Menschen leicht erkennen können.

Mäuse können ausgezeichnet klettern, wobei oft auch der lange Schwanz eingesetzt wird.

Quick Info

Wie gehe ich mit meinen Farbmäusen richtig um?

✿ **Transport:** Wenn Sie Ihre neu gekauften Mäuse über eine größere Entfernung nach Hause transportieren müssen, haben die kleinen Nager oft Zeit genug, sich durch die Pappschachtel zu nagen, die der Händler mitgibt. Daher sollten Sie in einem solchen Fall beim Kauf der Tiere gleich eine handelsübliche Transportbox anschaffen oder einen kleinen Holzkäfig mitbringen.

✿ **Eingewöhnung:** Lassen Sie Ihre Mäuse, die Sie nach dem Heimtransport in die vorbereitete Behausung gesetzt haben, zunächst erst einmal eine Weile allein, damit die Tiere sich beruhigen und ihre neue Umgebung erkunden können. Die neugierigen Nager verlieren schon nach wenigen Tagen ihre Scheu.

✿ **Zähmung:** Farbmäuse kann man mit ein paar Leckerbissen relativ problemlos an ihre neue Bezugsperson gewöhnen. Man braucht aber schon eine gute Portion Geduld, da nicht alle Tiere sofort zutraulich werden.

✿ **Fütterung:** Mäuse sollten jeden Tag neues Futter und frisches Wasser bekommen. Alte Futterreste müssen entfernt werden, um Verdauungsbeschwerden oder gar ernsthafte Krankheiten zu vermeiden.

✿ **Vorsicht:** Mäuse laufen und klettern auch nachts oft herum. Falls der Mäusekäfig im Kinderzimmer steht, kann der Schlaf Ihrer Kinder unter Umständen durch den Lärm gestört werden.

Die neugierigen Farbmäuse brauchen normalerweise nur wenig Zeit zur Eingewöhnung.

Was Sie vor der Anschaffung bedenken sollten

✤ Mäuse sind nicht jedermanns Sache. Daher sollte man sich vor der Anschaffung der neuen Mitbewohner unbedingt überzeugen, dass auch alle Familienmitglieder damit einverstanden sind.

✤ Mäusehaare können unter Umständen Allergien auslösen. Daher sollte man bei allergieanfälligen Familienmitgliedern vor dem Kauf stets einen Arzt konsultieren, damit es später nicht zu Problemen kommt.

✤ Da Mäuse viele Junge bekommen, sollte man bei Haltung mehrerer Mäuse nur gleichgeschlechtliche Tiere anschaffen. Beim Kauf mehrerer weiblicher Tiere sollte keines der Weibchen trächtig sein.

✤ Raucher sollten noch einmal überprüfen, ob sie den Tieren auch eine rauchfreie Umgebung bieten können.

✤ Mäuse sind in der Anschaffung und Haltung nicht besonders kostspielig, aber bei einer Krankheit kann der Besuch beim Tierarzt durchaus einiges an Ausgaben verursachen.

✤ Auch Mäuse können zur Urlaubszeit zu einem Problem werden. Daher sollten Sie möglichst schon vor der Anschaffung sicherstellen, dass Ihre Schützlinge auch in den „schönsten Wochen des Jahres" gut versorgt sind.

Mäuse sind sehr vermehrungsfreudig. Bedenken Sie daher diese Tatsache, bevor Sie ein Männchen und ein Weibchen als Paar kaufen.

Vom Wildtier zum Heimtier

Alle heute im Handel erhältlichen Farbmäuse sind Abkömmlinge der Hausmaus (Mus musculus), die mit verschiedenen Unterarten in Europa, Nordafrika und Asien heimisch ist. Es handelt sich um sehr anpassungsfähige Tiere, die sich dem Menschen schon vor Jahrtausenden eng angeschlossen haben.

Alle Farbmäuse stammen von der Hausmaus ab.

Vermutlich begann dieses enge Zusammenleben vor etwa 10 000 Jahren, als unsere Vorfahren von Jägern und Sammlern zu Ackerbauern wurden und nun in festen Behausungen lebten, in denen sie auch ihre Vorräte aufbewahrten. Diese lockten sehr bald Mäuse an, und seither herrscht zwischen Menschen und Mäusen ein fortdauernder Konflikt.

Ein Sieger lässt sich in dieser langen Auseinandersetzung nicht ausmachen. Manchmal schien es, als könnten die Mäuse die Oberhand gewinnen, denn schon im alten Ägypten soll es immer wieder zu Hungersnöten gekommen sein, weil sich die Mäuse plötzlich explosionsartig vermehrten und die Getreidespeicher leer fraßen. Aber dann ersann der Mensch immer neue Abwehrmaßnahmen gegen die gefräßigen kleinen Nager, sodass sich schließlich ein Gleichgewicht zwischen Menschen und Mäusen einstellte.

Mäuse als Haustiere

Möglicherweise könnten die Mäuse sich heute aber auch wieder einen kleinen Vorteil verschaffen, denn seit einigen Jahren trachten viele Menschen nicht mehr unbedingt danach, die putzigen kleinen Nager zu vernichten, sondern holen sie sich freiwillig ins Haus.

Die Verwandtschaft

Gemeinsam mit zahlreichen anderen Arten gehört die Hausmaus zur
Familie Muridae (Langschwanzmäuse), die wiederum Teil der Ordnung
Rodentia (Nagetiere) ist. In dieser großen Säugetierordnung werden
alle Tiere zusammengefasst, die sich hauptsächlich durch ein Paar
ständig nachwachsender Schneidezähne (Nagezähne) auszeichnen,
was sowohl für die nur etwa vier Gramm schweren Zwergmäuse als
auch für die massigen, bis 50 Kilogramm wiegenden Wasserschweine
gilt. Weitere bekannte Tierarten aus dieser Gruppe sind Eichhörnchen,
Biber, Meerschweinchen, Hamster und Ratte. Die Hausmaus gehört
mit etwa 16 Zentimeter Länge (einschließlich Schwanz) und einem
Körpergewicht von nicht mehr als 25 Gramm zwar zu den kleineren,
aber dafür sehr anpassungsfähigen Arten und hat sich – auch durch
die Hilfe des Menschen – heute fast über die gesamte Erde ausge-
breitet.

Nördliche Hausmaus

Unterarten der Hausmaus

In Deutschland kommen hauptsächlich zwei Unterarten der Hausmaus vor: die Westliche Hausmaus *(Mus musculus domesticus)* und die Nördliche Hausmaus *(Mus musculus musculus)*. Die Verbreitungsgrenze der beiden Unterarten liegt etwa auf der Linie Elbe – Zwickauer Mulde – Regensburg – München, wobei es in den Grenzgebieten zu Mischpopulationen kommt.

Westliche Hausmaus
Die Unterart *Mus musculus domesticus* findet man fast ausschließlich in Gebäuden, etwa Scheunen, Schuppen, Kellern und auf Dachböden. Die Tiere sind oberseits grau bis graubraun, unterseits ist das Fell übergangslos etwas heller gefärbt; der Schwanz ist etwa genau so lang wie der Körper. Die Westliche Hausmaus geht auf die Baktrische Maus *(Mus musculus bactrinus)* zurück.

Nördliche Hausmaus
Die Unterart *Mus musculus musculus* kommt östlich der oben erwähnten Grenzlinie vor, wo sie, vor allem im Sommer, häufig auch im Freien anzutreffen ist. Ihr Fell ist oberseits gelblichbraun; die durch eine deutliche Trennlinie abgegrenzte Unterseite ist heller. Bei der Nördlichen Hausmaus, die manchmal auch Ährenhausmaus genannt wird, ist der Schwanz kürzer als der Körper.

Iberische Hausmaus
In Spanien, Portugal und Nordafrika kommt die Iberische oder die Heckenhausmaus *(Mus musculus spretus)* vor. Sie ähnelt der Westlichen Hausmaus in der Färbung, hat aber im Gegensatz zu ihr einen kürzeren Schwanz.

Wagner-Hausmaus
In Asien sind drei weitere Unterarten der Hausmaus beheimatet, darunter auch die Wagner-Hausmaus *(Mus musculus wagneri)*, die wie die Westliche Hausmaus – mit der sie auch äußerlich starke Ähnlichkeit aufweist – die Nähe des Menschen bevorzugt. Diese Unterart wird in Asien schon seit langem gezüchtet; möglicherweise ist sie die Stammmutter aller Farbmäuse mit gescheckten Fell.

INFO

Eine recht ungewöhnliche Unterart, die Helgoländische Hausmaus (Mus musculus helgolandicus) kommt ausschließlich auf dieser Nordseeinsel vor.

Die unterschiedlichen Farbschläge

Wie auf den vorhergehenden Seiten ausgeführt, sind wild lebende Hausmäuse normalerweise recht unscheinbare, graue bis bräunliche Tiere, besitzen also eine Färbung, die ihnen in ihrer natürlichen Umgebung eine gute Tarnung bietet und so das Überleben erleichtert. Um so erstaunlicher ist daher die Vielfalt an Farben und Mustern, die durch züchterische Anstrengungen entstanden sind. Neben den unterschiedlichen Färbungen gibt es inzwischen aber auch Zuchtformen, die ein langes, an Angorakatzen erinnerndes Fell besitzen, während das Fell anderer Linien gelockt oder besonders glänzend ist.

Die Anfänge der Mäusezucht

Einfarbige Farbmäuse sehen ihren Urahnen noch am ähnlichsten.

Wann und wo man zuerst Mäuse gezüchtet hat, lässt sich nicht mit Bestimmtheit sagen, aber wenn man Darstellungen auf alten Tongefäßen richtig deutet, hielt man die kleinen Nager in Ägypten schon

Auch bei Siam-Mäusen sind – wie bei den gleichnamigen Katzen – Ohrenspitzen und Schnauzenende dunkler gefärbt.

vor rund 4000 Jahren und etwa um die gleiche Zeit oder etwas später auch in Griechenland und China. In erster Linie handelte es sich dabei wohl um Albinos, also weiße Mäuse mit roten Augen (s. u.), die als heilig galten und daher in Tempeln von Priestern versorgt und weitergezüchtet wurden. Aber auch in vielen Häusern gab es um diese Zeit schon in Käfigen gehaltene Mäuse, die wild lebenden Eindringlingen mit ihrem Geruch signalisieren sollten: Dieses Revier ist bereits besetzt.

Eine recht professionelle Zucht mit verschiedenen Farbschlägen muss dann im 17. Jahrhundert in Japan existiert haben, von wo die ersten Farbmäuse vor etwas mehr als 150 Jahren auch nach Europa kamen. Diese Tiere haben offensichtlich in der Alten Welt für große Begeisterung gesorgt, denn schon Ende des 19. Jahrhunderts wurde in England ein „National Mouse Club" gegründet, dessen Mitglieder sich die Zucht besonderer Farbrassen zum Ziel gesetzt hatten. Aus solchen Anfängen sind inzwischen unzählige Farbschläge und Linien mit den unterschiedlichsten Fellstrukturen hervorgegangen, von denen einige Beispiele auf den folgenden Seiten vorgestellt werden sollen.

Farbschläge, Zeichnungsmuster und Fellmutationen

Um die Vielzahl der unterschiedlichen Farbmaus-Zuchtformen ein wenig übersichtlicher zu machen, kann man vier Sektionen unterscheiden, die sich an der in Großbritannien üblichen Einteilung orientieren, denn dort gibt es bereits seit längerem Standards für Fellfarben und -strukturen.

Weil die englischen Begriffe bei Züchtern und Händlern oft gebräuchlicher sind als die deutschen, werden diese in Klammern erwähnt.

Weiße Mäuse gibt es sowohl mit roten als auch schwarzen Augen.

Einfarbige Mäuse (Selfs)

Zu dieser Gruppe gehören Mäuse mit nur einer Fellfarbe. Typische Farbschläge aus dieser Sektion sind u. a. Blau, Creme, Platin, Rot, Schokoladenfarben, Taubengrau, Schwarz, Silber oder Zimt. Außerdem existieren einfarbig weiße Tiere, auf die hier etwas ausführlicher eingegangen werden soll, denn weiße Mäuse sind nicht gleich weiße Mäuse.

Zunächst einmal gibt es die bereits erwähnten weiß gefärbten Tiere, die schon vor Urzeiten in Tempeln gehalten wurden oder die man im Mittelalter als besondere Attraktion auf Märkten zeigte. Solche Mäuse, die in den letzten Jahrzehnten vor allem als Versuchstiere für medizinische Tests bekannt wurden, sind rotäugige Albinos, bei denen eine Mutation, also eine sprunghafte Veränderung der Gene, dazu geführt hat, dass keine dunklen Farbpigmente mehr gebildet werden können. Daher besitzen diese Mutanten ein weißes Fell, und sie haben rote Augen, weil die Blutgefäße in den pigmentlosen Augen sichtbar sind.

INFO

Da Mutationen bei allen Lebewesen regelmäßig vorkommen, findet man auch in der Natur immer wieder einmal weiße Mäuse. Ihre veränderten Erbanlagen können diese Tiere aber nur selten weitergeben, da sie aufgrund des hellen Fells so auffällig sind, dass sie zumeist schnell einem Fressfeind zum Opfer fallen.

Chinchilla-Mäuse erinnern in der Fellfärbung an ihre größeren Verwandten aus den südamerikanischen Anden.

Andere weiße Mäuse

Neben diesen schon lange in menschlicher Obhut gehaltenen weißen Mäusen gibt es seit einigen Jahren auch noch andere weiße Zucht-formen, die keine Albinos sind. Vielmehr handelt es sich um Tiere, die ihr weißes Fell nicht einer einzigen Mutation verdanken, welche dann zum Ausfall der Farbpigmente führt. Vielmehr waren hier unzählige Kreuzungsversuche von Mäusezüchtern erforderlich, damit die Mäuse ihr weißes Fell bekamen. Da die Pigmentbildung bei diesen Mäusen nicht gestört ist, haben sie auch keine roten Augen wie die Albinos, sondern weiterhin ihre natürlichen, schwarzen Augen.

Satin-Mäuse haben ein besonders glänzendes Fell.

Damit ist die Geschichte aber nicht zu Ende, denn inzwischen ist es gelungen, Mäuse in den unterschiedlichsten Fellfarben mit rötlichen Augen zu züchten. Deshalb gibt es heute auch weiße Mäuse mit roten Augen, die aussehen wie die früher in Tempeln gehaltenen oder auf Jahrmärkten gezeigten Albinomäuse, auch wenn sie mit ihnen im Grunde nichts zu tun haben.

Viele Farbmäuse sind nicht nur anders gefärbt als ihre Vorfahren, sondern haben oft auch ein deutlich längeres und weicheres Fell.

Lohfarbene Mäuse (Tans)

Bei den lohfarbenen Mäusen kann die Oberseite ganz verschieden gefärbt sein, während der Bauch stets lohfarben ist. In Anlehnung an die unterschiedlich gefärbte Rückenpartie hat man diesen Farbschlägen Namen wie Schwarzloh, Braunloh usw. gegeben.

Schecken (Marked)

Als Schecken bezeichnet man Mäuse, deren Fell andersfarbige Flecken aufweist. Sehr häufig findet man im Handel weiße Mäuse mit unregelmäßigen schwarzen Flecken; es gibt aber auch zahlreiche andere Kombinationen, darunter sogar dreifarbige. Für viele dieser Zeichnungsmuster werden häufig die englischen Bezeichnungen verwendet, z. B. „Banded" für Tiere mit einem andersfarbigen Ring um den Körper, oder „Rump White" (rump = Hinterteil) für Mäuse mit einen anders gefärbtem Hinterkörper; in anderen Fällen hat man die englischen Bezeichnungen eingedeutscht, spricht also von gleichmäßigen („even") oder gebrochenen („broken") Farbmustern.

Die hübschen Schecken gehören zu den besonders beliebten Farbschlägen.

Normalerweise lassen sich Tiere mit unterschiedlichen Farb- und Zeichnungsmustern oder auch Fellmutationen zur Vermehrung beliebig kreuzen. Allerdings gilt das nicht für reinerbig dominante Schecken, deren Nachkommen kurz nach der Geburt unweigerlich eingehen.

Sonstige (AOV = Any Other Variety)

Unter diesem Begriff werden die übrigen, standardisierten Zuchtlinien zusammengefasst, darunter wildfarbene Mäuse (Agouti), wie Chinchillas gefärbte Tiere (Chinchilla) oder Siam-Farbmäuse, bei denen – genau wie bei den gleichnamigen Katzen – bestimmte Körperteile, insbesondere Ohrenspitzen, Nase und Schwanzende dunkler sind. Darüber hinaus gibt es noch langhaarige Zuchtformen, etwa Angoramäuse mit plüschigem Fell, das außerdem noch gelockt sein kann, sowie Satin-Mäuse, also Tiere mit besonders glänzendem Fell, die manchmal auch als eigene Sektion geführt werden.

Mäuse in ausgefallenen Farben oder mit ungewöhnlichen Farbkombinationen oder Fellstrukturen sind oft recht teuer – insbesondere neuere Züchtungen. Diese Tiere kommen für den normalen Mäusehalter daher kaum in Betracht. Außerdem kann man solche Exoten nicht in jeder Zoohandlung kaufen und muss unter Umständen spezielle Züchter aufsuchen.

Wie entstehen Farbschläge?

Die beobachteten, unterschiedlichen Farbschläge beruhen bei den Farbmäusen nicht auf verschiedenen Rassen wie etwa beim Haushund, wo die Welpen von zwei Schäferhunden immer die typischen Farben und Eigenschaften eines Schäferhundes besitzen. Vielmehr kann es bei Farbmäusen vorkommen, dass zwei taubengraue Tiere in einem einzigen Wurf völlig verschiedene Jungmäuse von Weiß bis Schwarz hervorbringen. Der Weg zu echten Farbrassen ist deshalb bei den Zuchtmäusen auch noch weit, denn es müssen so lange Inzuchtkreuzungen durchgeführt werden, bis beide Elterntiere reinerbig sind. Hobbyzüchtern kann das aber ziemlich gleichgültig sein, denn die Überraschung, auf die man sich bei den Nachkommen mischerbiger Eltern einstellen muss, hat auch etwas Faszinierendes.

ACHTUNG

Leider werden im Handel immer noch so genannte Japanische Tanzmäuse angeboten, von deren Kauf man aber unbedingt absehen sollte, denn die Tiere haben einen erblich bedingten Hirnschaden. Dieser verursacht eine Störung des Gleichgewichtssinns, sodass die Mäuse ungelenk im Kreis umherlaufen („tanzen"). Außerdem sind sie taub, oft zwergwüchsig, und sie können weder klettern noch springen, also kein normales Mäuseleben führen. Ähnliches gilt für Singmäuse, auch Pfeifmäuse genannt, die krankhaft veränderte Atemwege haben, sodass beim Einatmen pfeifende Geräusche entstehen.

Farbmäuse kommen ins Haus

Wenn Sie sich entschieden haben – unbedingt in Abstimmung mit der gesamten Familie – tatsächlich Farbmäuse anzuschaffen, müssen Sie vor dem Gang zum Händler oder Züchter zunächst noch einige grundsätzliche Entscheidungen treffen.

Wenn die Farbmäuse ins Haus kommen, sollte ihr neues Heim schon fertig eingerichtet sein.

Mäuse sind sehr gesellige Tiere, die unter natürlichen Bedingungen in einer Art Großfamilie leben. Diese grenzt mit ihren Duftmarken ein gemeinsames Territorium ab, in dem Schlupfwinkel, Fressplätze sowie Kot- und Harnstellen gemeinsam genutzt werden. Unter den Mitgliedern gibt es – besonders bei den Männchen – eine Art Hack- oder Rangordnung sowie ein ausgeprägtes Sozialverhalten (gegenseitige Fellpflege).

Ein Tier oder mehrere?

Mäuse sollte man daher nicht einzeln halten. Nun muss natürlich nicht gleich ein ganzer Familienverband die Wohnung bevölkern, aber wenigstens zwei Tiere sollte man schon anschaffen. Befürchtungen, dass die Mäuse nicht zahm werden, wenn sie zu zweit oder in einer Gruppe gehalten werden, sind übrigens unbegründet. Denn im Gegensatz zu Wellensittichen oder anderen Schwarmvögeln werden die neugierigen Farbmäuse auch in Gegenwart von Artgenossen problemlos handzahm. Ist es aus irgendeinem Grund nicht möglich, mehrere Farbmäuse zu halten, dann sollte man sich besser für einen Goldhamster entscheiden, der auch in seinem natürlichen Lebensraum ein Leben als Einzelgänger führt.

Auswahl und Alter der Tiere

Pärchen oder Gruppe?

Die Haltung eines Mäusepärchens oder einer gemischten Gruppe sollte man sich sehr genau überlegen, denn Farbmäuse sind sehr fruchtbar; sie bringen es auf bis zu acht Würfe pro Jahr mit jeweils vier bis acht (manchmal auch bis zwölf) Jungen. Daher kann jedes Mäuseweibchen im Laufe seines Lebens bis zu 120 Junge bekommen – ganz abgesehen davon, dass sich weibliche Jungmäuse bereits nach zwei Monaten selbst wieder fortpflanzen können.

Männchen oder Weibchen?

Dennoch muss man deswegen nicht auf die Haltung mehrerer Mäuse verzichten, denn auch gleichgeschlechtliche Tiere vertragen sich recht gut, von gelegentlichen kleineren Streitereien, die normalerweise aber immer glimpflich ausgehen, einmal abgesehen. Wichtig ist allerdings, die Mäuse möglichst schon als Jungtiere aneinander zu gewöhnen, weil sich dann frühzeitig feste Strukturen einstellen, die helfen, Konflikte zu vermeiden.

Farbmäuse sollte man mindestens paarweise halten, wobei es sich auch um zwei Weibchen oder zwei Männchen handeln kann.

Männchen und Weibchen lassen sich recht gut am Abstand zwischen der After- und Genitalöffnung unterscheiden, der bei männlichen Tieren etwa doppelt so groß ist wie bei weiblichen (als Anfänger sollte man dazu ein Männchen und ein Weibchen nebeneinander halten und direkt vergleichen). Außerdem erkennt man die Männchen an den Hoden am Schwanzansatz, während die Zitzen der weiblichen Tiere meist nur schlecht erkennbar sind. Wenn man bei der Bestimmung von Männchen oder Weibchen ganz sicher gehen will, dass es garantiert keinen unerwünschten Nachwuchs geben wird, sollte man seine Nager – vor allem, wenn es sich dabei um Jungtiere handelt – unbedingt von einem Mäusefachmann untersuchen lassen.

Für welches Geschlecht man sich letztlich entscheidet, bleibt im Grunde dem persönlichen Geschmack überlassen. Weibchen gelten als weniger streitsüchtig, und sie riechen nicht ganz so stark wie Männchen, da sie keine Duftmarken absetzen; bei einer regelmäßigen Reinigung der Mäusebehausung fällt das allerdings kaum ins Gewicht.

Das richtige Alter

Wenn Sie Ihre Farbmäuse nicht aus dem Tierheim holen, sollten Sie möglichst junge Tiere erwerben. Diese werden relativ leicht handzahm, und da Mäuse mit zwei bis drei Jahren auch recht kurzlebig sind, können Sie sich an älteren Tieren normalerweise nur noch kurz erfreuen. Noch wichtiger ist jedoch, dass es weniger „zwischenmausliche" Probleme gibt, wenn sich Jungtiere aneinander gewöhnen können. Bei älteren Tieren, die aus verschiedenen Sippen stammen und nun plötzlich einen Käfig teilen müssen, kann es hingegen sogar zu Kämpfen und Verletzungen kommen. Ein gutes Alter für den Kauf sind fünf bis acht Wochen. Weibchen sollten auf keinen Fall älter sein, weil sie dann fast immer schon geschlechtsreif oder unter Umständen bereits trächtig sind.

TIPP Achten Sie darauf, dass die Tiere, für die Sie sich entschieden haben, weder Fettpölsterchen noch kleine Knötchen unter der Haut aufweisen, denn dies sind typische Merkmale älterer Tiere.

Ist die Maus gesund?

Das wichtigste Kriterium beim Kauf – hinter dem auch der persönliche Geschmack zurückstehen muss – ist die Gesundheit der Tiere. Daher müssen Sie bei der Auswahl Ihrer Farbmäuse auf folgende Dinge achten:

✦ Ist das Fell dicht, glatt und nicht gesträubt? Kahle Stellen sind ein Hinweis auf Parasiten oder Ekzeme; struppiges Fell deutet auf eine innere Krankheit hin.

✦ Sind die Augen klar und nicht verklebt? Andernfalls ist die Maus vermutlich krank.

✦ Ist das Tier lebhaft und neugierig? Apathische, oft mit einem gekrümmten Rücken in einer Ecke sitzende Mäuse sind krank. Das gilt auch für Tiere mit Gleichgewichtsstörungen oder Lähmungen und oft auch für Mäuse mit einer schiefen Kopfhaltung.

✦ Ist die Afterregion trocken und nicht verklebt? Verschmutztes Fell in diesem Bereich deutet im günstigsten Fall auf Verdauungsbeschwerden hin; oft ist es aber auch ein Anzeichen für eine schwere Erkrankung des Magen-Darm-Trakts, die zudem ansteckend sein kann.

✦ Wenn die gewünschte Farbmaus von der Gestalt her eher dicklich aussieht, sollten Sie sie besser nicht kaufen. Möglicherweise handelt es sich um ein falsch ernährtes oder trächtiges Tier.

Wo bekommt man Farbmäuse?

Zoofachhändler

Am einfachsten ist es sicher, die Tiere beim Zoofachhänder vor Ort zu
kaufen, denn ein kurzer Heimtransport bedeutet für die Mäuse weit-
aus weniger Stress. Die Trennung von den Artgenossen ist für die
Tierchen schon schwer genug, belasten Sie sie also nicht auch noch
zusätzlich durch einen langen, mühseligen Transport. Größere Zoohandlungen haben in der Regel einige Tiere vorrätig, alle anderen Ge-
schäfte können die Mäuse normalerweise kurzfristig besorgen.

Züchter

Besonders Hobbyzüchter sind meistens froh, wenn sie einige ihrer
Mäuschen abgeben können. Allerdings finden Besitzer und Interes-
senten häufig nur schwer zueinander. Manchmal stößt man auf
Gleichgesinnte, wenn man die Anzeigen der Regionalzeitung durch-
sucht.

In einigen Städten gibt es außerdem Vereine, in denen sich Menschen zusammengeschlossen haben, deren Interesse Kleinsäugern
oder auch speziell Heimtiernagern gilt. Hier wird man auf der Suche
nach Jungmäusen normalerweise schnell fündig. Wer ausgefallenere
Zuchtformen sucht, muss sich allerdings fast immer in einer überre-
gionalen Fachzeitschrift umsehen.

Tierheim

Weitgehend unbekannt ist, dass auch Tierheime oft Mäuse vermitteln,
die dort nach einem unüberlegten Kauf abgegeben wurden. Diese Tiere sind allerdings in aller Regel nicht mehr ganz jung; dafür bekommt
man aber vielfach Mäuse, die schon handzahm und – sofern man
mehrere Tiere übernehmen möchte – auch bereits aneinander gewöhnt sind.

Versandhandel

Generell sollten Sie davon absehen, Ihre Farbmäuse über den Ver-
sandhandel oder gar über das Internet zu beziehen. Zum einen bleibt
die Herkunft der Tiere ungeklärt, zum anderen bedeutet der Transport
für sie eine enorme Stresssituation.

Der Heimtransport

Wenn Sie Ihre Mäuse beim Zoohändler vor Ort kaufen, können Sie sie ruhig in einer Pappschachtel transportieren. Während der kurzen Fahrt brauchen Sie nämlich nicht zu befürchten, dass die Tiere die Pappwände durchnagen und entwischen. Bei längeren Fahrten kann dies allerdings schon passieren. Bringen Sie daher einen kleinen Holzkäfig von daheim mit oder kaufen Sie zusätzlich eine Transportbox.

Achten Sie außerdem darauf, dass den Mäusen während der Fahrt etwas Futter und Wasser zur Verfügung steht. Gerade im Sommer ist Trinken besonders wichtig, weil die Tierchen bei hohen Temperaturen leicht sehr viel Flüssigkeit verlieren.

Nachdem Sie zu Hause angekommen sind, werden die Neuankömmlinge in ihr vorbereitetes Heim gesetzt. Anschließend brauchen sie erst einmal einige Stunden Zeit, um sich ungestört an die ungewohnte Behausung zu gewöhnen. Verhindern Sie, dass andere Personen in dieser Zeit den Mäusen zu nahe kommen, da jede Störung die Gewöhnungsphase beträchtlich verlängern kann. Bewegen Sie sich sehr langsam, wenn Sie das Trinkwasser wechseln bzw. die Tiere füttern.

TIPP Wichtig ist es, bei der Eingewöhnung nichts zu überstürzen. Lassen Sie den Tieren ausreichend Zeit (etwa eine Woche bis zehn Tage), bis sie sich vollständig an die neue Umgebung gewöhnt haben.

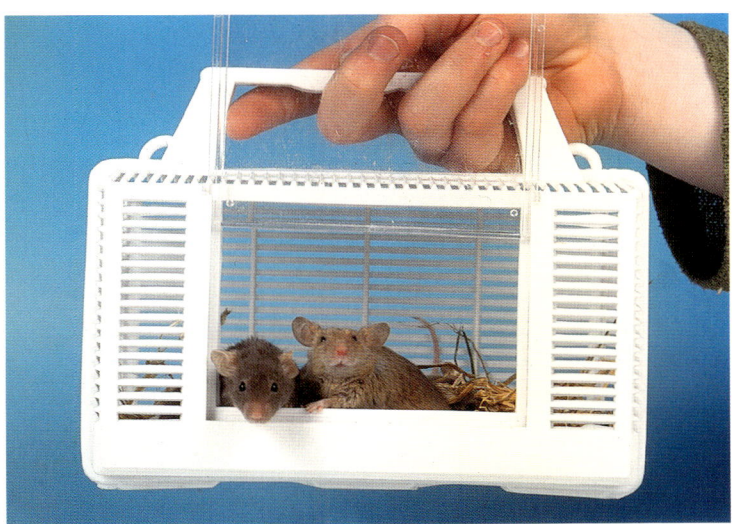

Für den sicheren Transport Ihrer Mäuse gibt es im Zoohandel geeignete Transportkäfige.

Eingewöhnung und Kontaktaufnahme

Bei der Eingewöhnung und Kontaktaufnahme von Mäusen ist Geduld die wichtigste Voraussetzung. Lassen Sie den Tieren anfangs Zeit, später werden die Tiere dafür um so zutraulicher sein.

Erste Kontakte

Die zarten Farbmäuse haben recht zerbrechliche Knochen. Gehen Sie daher sehr behutsam mit den kleinen Tieren um!

Wenn Ihre Farbmäuse regelmäßig am Gitter oder an der Scheibe auftauchen, können Sie die ersten Annäherungsversuche machen. Halten Sie zunächst einen Finger an die Stäbe oder legen Sie die Hand vorsichtig in die Behausung, damit die Tiere daran schnuppern können, denn Mäuse sind „Nasentiere", die Sie auch später an Ihrem Geruch erkennen werden. Greifen Sie auf keinen Fall nach den Tieren, sondern warten Sie, bis die kleinen Nager von sich aus auf Ihre Hand klettern – was sich durch einen auf die Handfläche gelegten Leckerbissen zumeist etwas beschleunigen lässt.

Wenn eine Maus ohne zu zögern auf Ihre Hand klettert und dort keinerlei Beunruhigung zeigt, können Sie das Tier auch herausnehmen und auf Arm oder Schulter umherklettern lassen – das mögen die neugierigen Nager recht gern. Dabei streicheln Sie die Maus immer wieder einmal mit einem Finger vorsichtig an Kopf oder Nacken – also an Stellen, die von den Tieren beim Putzen selbst nur schlecht erreicht werden. Die meisten Mäuse mögen diese Art der Behandlung sehr, und sie scheint zudem die Bindung zwischen Mensch und Maus zu festigen.

Da es auch unter Mäusen ganz verschiedene Charaktere gibt, kann sich eines der Tiere durchaus anfangs sehr viel scheuer verhalten als die übrigen. Zeigen Sie in diesem Fall Geduld und warten Sie, bis es seine Zurückhaltung aufgibt. Irgendwann wird die Neugierde siegen, und dann dauert es zumeist nicht lange, bis auch diese Maus ein vertrauensvolles Verhältnis zu Ihnen entwickelt.

TIPP Weil Mäusen in der Natur häufig Gefahr aus der Luft droht, etwa durch Greifvögel, reagieren sie auf jegliche Annäherung von oben instinktiv mit Flucht. Wenn Sie sich daher den Tieren mit der Hand nähern, dann möglichst von der Seite, weil die Mäuse dann in der Regel ruhig bleiben.

Die richtige Handhabung

Viele Zoohändler und Züchter nehmen Mäuse häufig am Schwanz oder Nackenfell aus dem Käfig, und auch in Forschungslabors, wo Mäuse zu Versuchszwecken gehalten werden, ist diese Handhabung üblich; schließlich bietet sie den Vorteil, dass die Tiere nicht in die Hand beißen können, die sie hält. Allerdings ist diese „Handhabung" für die Mäuse sicherlich nicht angenehm, zumal die empfindliche Schwanzhaut beim Festhalten am Schwanz leicht verletzt werden kann. Daher sollten Sie Ihren Tieren eine solche Behandlung ersparen und sie stets freiwillig auf die Hand klettern lassen.

Falls Ihnen einmal eine Maus entwischt ist und überhaupt nicht daran denkt, unter Schrank oder Sofa hervor- und auf die dargebotene Hand zu klettern, sollten Sie das Tier mit List wieder einfangen. Jagen Sie es nicht gleich mit einem Besenstiel aus seinem Versteck heraus, denn dadurch wird es nicht nur fast zu Tode erschreckt, auch das mühselig und mit viel Geduld erworbene Vertrauen ist mit einem Schlag zunichte gemacht. Stellen Sie lieber eine Mäusetransportkiste, die mit einem Laufsteg versehen wurde, oder eine leere Küchenkrepprolle auf den Boden, ködern sie mit etwas Futter und warten ab, bis die Maus darin verschwunden ist. Anschließend lässt sich das Tier problemlos wieder in sein Heim zurücksetzen.

TIPP Müssen Sie aus irgendeinem Grund doch einmal eine Maus am Schwanz hochheben, dann greifen Sie sie direkt an der Schwanzwurzel, weil dort weniger Gefahr besteht, die dünne Schwanzhaut zu verletzen.

Kinder und Mäuse

Für kleinere Kinder sind Mäuse ungeeignet, weil für die richtige Behandlung der kleinen Nager ein gewisses Maß an Feingefühl notwendig ist; Kleinkinder besitzen das jedoch noch nicht, sodass die Tiere durch ein unsanftes Zugreifen leicht verletzt werden können. Andererseits wissen sich Mäuse aber auch sehr gut durch schmerzhafte Bisse zur Wehr zu setzen, wenn sie durch Kinderhände malträtiert werden. Das führt dann nicht nur zu Tränen, sondern oft auch zur Abwendung vom einst so sehnlich gewünschten Tier.

Daher sollten Ihre Sprösslinge mindestens im schulpflichtigen Alter sein, bevor sie ihre ersten Mäuse bekommen. In diesem Alter können Kinder normalerweise schon gut mit den kleinen Nagern umgehen; sie wollen die Mäuse dann auch nicht mehr ausschließlich streicheln oder mit ihnen spielen, vielmehr kann man jetzt schon ihr Interesse am Verhalten der Tiere erwecken.

Kindern sollte man die Mäusepflege aber nicht in Eigenregie überantworten. Überzeugen Sie sich als Eltern regelmäßig davon, ob die Tiere ordentlich behandelt werden, also stets Futter und frisches Wasser haben. Aber auch die Reinigung des Käfigs wird wohl immer wieder einmal die Mama übernehmen müssen, wenn die Sprösslinge absolut keine Zeit haben, weil andere „fürchterlich wichtige" Dinge auf der Tagesordnung stehen.

Kinder sollten bereits im schulpflichtigen Alter sein, bevor sie ihre ersten Farbmäuse bekommen.

Mäuse und andere Haustiere

Von Katzen und Hunden einmal abgesehen, können Mäuse und andere Haustiere problemlos zusammen gehalten werden.

Zum Thema „Katzen und Mäuse" braucht man wohl wenig Worte zu verlieren. Auch für die friedlichsten „Stubentiger" sind Mäuse eine natürliche Beute. Deswegen werden sie auch jede Gelegenheit nutzen, sich einen der kleinen Nager zu schnappen. Sogar wenn Sie Ihre Mäuse so sicher unterbringen, dass kein „Unfall" passieren kann, wird sich bei der gemeinsamen Haltung von Tierarten, die von ihrer Natur her ein eher „gespanntes" Verhältnis haben, niemals ein echter Burgfriede einstellen.

Vielmehr werden die Mäuse durch den Geruch der Katze stets etwas unruhig und ängstlich sein, während sich bei der Katze irgendwann tiefste Frustration einstellen wird, weil ihr alle Wege versperrt werden, um an die begehrte Beute heranzukommen. Daher sollte man von der Kombination Katze-Maus auf jeden Fall absehen. Aber auch Hunde, besonders Jagdhunde, können einer vorbeihuschenden Maus zumeist nicht widerstehen. Allerdings gewöhnen sich die meisten Hunde leichter an die Anwesenheit der kleinen Nager und verlieren irgendwann das Interesse an der Mäusebehausung.

Die richtige Mäusewohnung

Damit Ihre Mäuse sich wohl fühlen können, benötigen sie eine ausreichend große und zweckmäßig eingerichtete Behausung. Mit etwas Fantasie lässt sich auch in weniger geräumigen Wohnungen leicht ein geeigneter Lebensraum für die Tiere gestalten.

Auf Leitern, Stühlen und Regalen herumzuklettern ist bei allen Farbmäusen sehr beliebt.

Für Mäuse geeignete Behausungen müssen eine Reihe von Anforderungen erfüllen, damit ihre Bewohner ein artgerechtes Leben führen können. Da Mäuse sehr aktive Tiere sind, die sich in einer zu engen Umgebung nie richtig wohl fühlen werden, sollte die Unterkunft für zwei der kleinen Nager mindestens 60 cm lang sowie 30 cm breit und hoch sein. Wollen Sie mehr als zwei Tiere halten oder Junge aufziehen, sollten Sie gleich eine Mäusewohnung mit den Maßen 80 x 50 x 30 cm in Betracht ziehen.

Marke: Eigenbau

Mit etwas handwerklichem Geschick lassen sich relativ leicht zweckmäßige und großzügige Mäusewohnungen herstellen. Falls Sie dafür Holz verwenden möchten, sollten Sie beschichtete Hartfaserplatten nehmen, wie es sie in jedem Baumarkt zu kaufen gibt; diese bieten den unermüdlichen Nagezähnen nämlich wenig Angriffsfläche. Achten Sie bei der Herstellung des Käfigs auf eine saubere Verarbeitung, damit im Inneren der Behausung kein Holz frei liegt. Soll der Käfig aus Gitterstäben bestehen, verwendet man am besten ein Grundgerüst aus Metallwinkeln, in das man die Gitterplatten einlötet.

Geeignete Mäusekäfige

Am häufigsten werden Farbmäuse in Gitterkäfigen gehalten, die aus einer Bodenschale mit einem Gitteraufbau sowie ein bis zwei einge-hängten Plattformen bestehen. Achten Sie beim Kauf eines solchen „Hamsterkäfigs" oder „Nagerhaus" darauf, dass der Abstand der Stäbe nicht größer als sieben bis acht Millimeter ist, da sonst Jungtiere leicht ausbrechen können. Die Bodenschale muss so hoch sein, dass kein Streumaterial herausfällt; zur besseren Reinigung des Käfigs sollte man dessen Oberteil als Ganzes abnehmen können.

Zweckentfremdete Aquarien

Trotz hoher Bodenschalen wird es den Tieren beim Graben immer wieder gelingen, Streu, Kot und Futterreste aus dem Käfig zu werfen. Hiergegen hilft nur, die Mäuse in einem Aquarium zu halten – was zudem den Vorteil bietet, dass man sie ohne Behinderung durch Git-terstäbe beobachten kann. Aquarien gibt es in Hülle und Fülle, neben klassischen rechteckigen Becken kann man zum Beispiel Deltaaqua-rien und Achteckbecken kaufen, sich unter Umständen aber auch ein Becken nach Maß bauen lassen. Oft haben Aquarien ein Untergestell mit Stauraum für Zubehör und Futter; das Becken wird dadurch auch so erhöht, dass man die Tiere bequem im Sitzen beobachten kann.

Bei Drahtkäfigen dürfen die Gitterstäbe nicht zu weit auseinander stehen, weil die Mäuse sonst häu-fig ausbrechen.

Bei gläsernen Terrarien erlauben große Schiebtüren einen leichten Zugang für Fütterung und Reinigung, und fast immer sind Lüftungsgitter vorhanden, sodass die Luft frei zirkulieren kann. Leider sind Gitter wie auch Führungsschienen der Schiebetüren meist aus Plastik, das die Mäuse relativ leicht zernagen können.

Wichtig ist allerdings, dass solche Becken nicht zu hoch sind, weil sonst kein ausreichender Luftaustausch stattfinden kann. Als Folge ist dann häufig die Luftfeuchtigkeit zu hoch, Futter und Käfigstreu schimmeln schneller, und das Krankheitsrisiko erhöht sich. Wer dennoch ein hohes Aquarium verwenden möchte, etwa für einen Aufbau aus mehreren höher gelegenen Plattformen, sollte bei einem solchen Becken dann eine Seitenwand durch ein passendes Gitter ersetzen, das den erforderlichen Luftaustausch gewährleistet.

TIPP Gläserne Terrarien, in denen beispielsweise Reptilien gehalten werden, eignen sich oft auch optimal als Mäusebehausung.

Kunststoffbecken

Neben Glasaquarien gibt es heute auch Becken aus hochwertigem Plexiglas, die sich ebenfalls für die Haltung von Farbmäusen eignen. Sie haben den Vorteil, dass sie höher sein können, weil es recht einfach ist, die Rückwand oder auch die Seitenwände mit kleinen Belüftungslöchern zu versehen. Als Nachteil werden solche Behausungen schnell unansehnlich, weil die Mäuse die Scheiben mit ihren scharfen Krallen völlig zerkratzen und ihr Urin den Kunststoff oft verfärbt.

Glasbecken erlauben nicht nur, die possierlichen Nager uneingeschränkt zu beobachten, ihre Wände verhindern außerdem, dass Holzspäne, Kot und Futterreste herausgeschleudert werden.

Besonderes zu Unterbringung und Standort

TIPP Achten Sie darauf, dass Sessel oder andere Möbelstücke nicht zu nahe an der Mäuseburg stehen, da die Nager sonst leicht daraufspringen und diese Fluchtmöglichkeiten für einen willkommenen Kurzausflug in die Freiheit nützen.

„Nageresistentes" Käfigmaterial ist bei Mäusen das A und O – das gilt auch für Abdeckungen von Aquarien oder anderen oberseits offenen Behausungen. Da manchem Neuling unter den Mäusehaltern gar nicht klar ist, wie gut die kleinen Tiere springen und klettern können, wird er – bei fehlender Abdeckung – nicht selten morgens in ein verwaistes Becken blicken.

Die richtige Abdeckung

Leider kann man die bei vielen Aquarien mitgelieferte Abdeckung – zumeist handelt es sich dabei um einen geschlossenen Lampenkasten – für eine Mäusebehausung nicht verwenden. Zwar lässt die gleichmäßige Beleuchtung solcher Abdeckungen eine ausgezeichnete Beobachtung der Tiere zu, gleichzeitig verhindert die genau auf das Aquarium passende Abdeckung aber auch den notwendigen Luftaustausch. Außerdem werden die Farbmäuse durch eine hohe Wärmeentwicklung zusätzlich gestresst. Daher sollten Sie auf jeden Fall auf einen solchen Lampenkasten verzichten und sich besser aus Drahtgittergeflecht und Metallstäben selbst eine Abdeckung basteln. Für den Rahmen nimmt man am besten passend zugesägte Metallwinkel, weil die Abdeckung dann nicht versehentlich verschoben werden kann.

Ein Haus mit Pfiff – die Mäuseburg

Da Mäuse aktive und intelligente Lebewesen sind, wird es ihnen im Käfig schnell zu langweilig. Daher können Sie Ihren Tieren etwas Gutes tun, wenn Sie ihnen täglich einige Stunden „Ausgang" in einer so genannten Mäuseburg bieten oder sie dort sogar dauerhaft unterbringen. Eine solche Burg besteht aus einem nicht zu kleinen Tisch mit einigen, erhöhten Plattformen und verschiedenen Kletter- und Versteckmöglichkeiten. Ein Gitter gibt es nicht, sondern nur eine nicht allzu hohe Umrandung aus Plexiglas, die verhindert, dass Einstreu oder Gegenstände herabfallen. Zwar könnten die Mäuse diese Umrandung leicht überwinden, aber die kleinen Nager haben zumeist eine Scheu vor größeren Höhen, sodass sie nicht gern auf den Boden herabspringen. Wenn keines der Tiere ein notorischer „Ausbrecher" ist, kann man die Mäuseburg auch mit Schlafhäuschen und Futternäpfen ausstatten und als ständige Unterkunft nutzen. Einzelheiten zum Bau einer Mäuseburg finden Sie auf S. 61.

Der richtige Standort

Die schönste Mäusewohnung nützt den Tieren nichts, wenn sie am falschen Platz steht. Daher muss man unbedingt einige Regeln für die Aufstellung beachten.

So ist eine Fensterbank, die immer wieder gern als Standort ausgewählt wird, aus verschiedenen Gründen völlig ungeeignet: Werden Mäuse dort in Gitterkäfigen gehalten, sind sie bei geöffnetem Fenster oft Zugluft ausgesetzt und erkälten sich dann leicht. Andererseits heizt die Sonne ein Aquarium oder Terrarium in der Regel so stark auf, dass die Tiere einen Hitzschlag erleiden oder sogar eingehen. Darüber hinaus bevorzugen Mäuse von Natur aus leicht abgedunkelte Orte und fühlen sich schon aus diesem Grund an einem zu hellen Platz nicht besonders wohl.

Eine Küche ist unter anderem aufgrund des erhöhten Geräuschpegels und der Ausdünstungen beim Kochen als Standort völlig ungeeignet. Aus ähnlichem Grund sollten die Mäuse auch nie in einem Zimmer gehalten werden, in dem stark geraucht wird.

Ein ebenfalls ungeeigneter Standort ist der Fußboden, weil sich die Tiere dort bedroht fühlen, wenn sich eine vergleichsweise riesige menschliche Gestalt ihrer Behausung nähert. Viele Nager reagieren auf eine Gefahr von oben besonders panisch, weil zahlreiche ihrer natürlichen Feinde, etwa Bussarde oder Eulen, aus der Luft angreifen, und dieses „Wissen" ist auch noch bei den gezüchteten Farbmäusen vorhanden. Die Folge sind ängstliche und gestresste Tiere, und die sind normalerweise nicht nur besonders scheu, sondern auch anfälliger für Krankheiten.

Ideal für die Mäusebehausung ist ein ruhiger, nicht zu heller Platz in einem Raum mit Zimmertemperatur. Dort stellt man die Behausung am besten in Hüft- bis Augenhöhe, sodass man sie entweder im Sitzen oder im Stehen gut beobachten kann.

Farbmäuse sind oft auch nachts aktiv und ruhen sich dann tagsüber gern in einem Versteck aus.

Einrichtung des Nagerheims

Hat man die richtige Behausung und einen geeigneten Platz gefunden, so kann man sich nun Gedanken über die Einrichtung der Mäusewohnung machen, die so abwechslungsreich wie möglich sein sollte.

Einstreu

Als Streumaterial für die Mäusebehausung nimmt man am besten handelsübliche Hobelspäne, die nicht nur saugfähig, staubarm und hygienisch sind, sondern im Handel auch recht preisgünstig angeboten werden. Zwar kann man sie sich auch bei einem Tischler besorgen, aber dann besteht leicht die Gefahr, dass Krankheitskeime eingeschleppt werden, die frei lebende Hausmäuse in der Werkstatt hinterlassen haben. Außerdem sind solche Späne oft durch Klebstoff und andere Chemikalien verunreinigt, und die könnten den Tieren schaden.

Die Späne verteilt man etwa zwei bis fünf Zentimeter hoch in der Behausung; außerdem kann man an den Stellen, an denen die Mäuse bevorzugt ihren Urin absetzen (sehr häufig handelt es sich dabei um die Ecken der Unterkunft) zusätzlich ein wenig Katzenstreu einbringen, die noch etwas saugfähiger ist als Hobelspäne und so den Geruch noch besser bindet.

TIPP Das übermäßige Zernagen der Holz- oder Strohhäuschen lässt sich oft etwas verringern, wenn man den Tieren zusätzlich berindete Zweige anbietet, an denen sie ihren Nagetrieb ausleben können. Geeignet sind Zweige von Birken, Buchen, Weiden, Hasel und Obstbäumen. Auch die Zweige müssen, wenn sie länger im Käfig oder Glasbecken bleiben, regelmäßig gereinigt werden.

Schlafhäuschen und Versteckmöglichkeiten

Mäuse, die in der Natur unzählige Feinde haben und sich daher instinktiv sehr vorsichtig verhalten, brauchen zum Wohlfühlen zahlreiche Verstecke, in die sie bei Bedarf sofort flüchten können. Je nach Anzahl der Tiere sollten darunter einige Schlafhäuschen sein, die von Mäusen auch gern während der Ruhephasen genutzt werden.

Solche Häuschen bietet der Fachhandel aus unterschiedlichem Material an, wobei die Ton- oder Keramikmodelle wohl am zweckmäßigsten sind, denn sie werden nicht angeknabbert und lassen sich leicht reinigen. Letzteres gilt auch für Schlafhäuser aus Kunststoff, die allerdings nicht so resistent gegen die unermüdlichen Zähne der kleinen Nager sind und daher häufig ausgetauscht werden müssen. Ein

Ein Schlafhäuschen darf in keinem Nagerheim fehlen.

weiterer Nachteil ist, dass beim Annagen oft scharfe Kanten oder sehr spitze Zinken zurückbleiben, an denen die Tiere sich verletzen können. Außerdem kann es passieren, dass die Mäuse beim Nagen möglicherweise kleine Plastiksplitter verschlucken und sich dadurch innere Verletzungen zuziehen.

Bei den Modellen aus Holz ist die Verletzungsgefahr deutlich geringer. Allerdings saugt Holz sehr leicht den zur Markierung abgegebenen Urin auf, sodass die Häuschen nach einiger Zeit stark zu riechen beginnen. Außerdem wird das Schlafhaus schon nach kurzer Zeit so zernagt sein, dass Sie es kaum wieder erkennen. Ähnliches gilt für Schlummerhäuschen aus geflochtenem Stroh oder Gras, die zwar von den Tieren gern angenommen, aber noch schneller „zerlegt" werden als ein Holzhäuschen. Als zusätzliche Verstecke können Eierkartons und leere Küchenrollen dienen, die man in kürzeren Abständen austauscht, oder auch halbrunde Korkrindenstücke, die es in Gärtnereien zu kaufen gibt.

Nestmaterial

Da Mäuse ihre Häuschen oder Höhlen gern auspolstern, sollte ihnen stets etwas Material für den Nestbau zur Verfügung stehen. Dabei kann es sich um Heu, Stroh, Stofffetzen oder unbedrucktes Papier, etwa Küchen- oder Toilettenpapier, handeln. Wenn Sie Heu anbieten, an dem Farbmäuse manchmal auch gern herumknabbern, sollten Sie darauf achten, dass dieses frisch riecht und nicht zu staubig ist.

Weiteres Zubehör

Wie bereits erwähnt, sind Mäuse sehr aktive Tiere, denen selbst die Bewegungsmöglichkeiten in größeren Behausungen oft nicht ausreicht. Daher empfiehlt es sich auf jeden Fall, das Nagerheim mit einem handelsüblichen Laufrad auszustatten, das von den Tieren gern genutzt wird.

Laufräder

ACHTUNG

Achten Sie unbedingt darauf, dass Schalen, Laufräder u. Ä. nicht umstürzen oder von einer Plattform herunterfallen können. Bedenken Sie dabei auch, dass die zarten Mäuseknochen oft schon durch Gegenstände gefährdet sind, die aus menschlicher Sicht wenig bedrohlich wirken.

Wenn man bisher noch keine Mäuse gehalten hat, mag einem die Vorstellung, dass die Tierchen sich in einem Laufrad austoben sollen, ein wenig befremdlich vorkommen, denn aus menschlicher Sicht ist ein ununterbrochenes Laufen im Kreis wenig sinnvoll und erstrebenswert. Allerdings scheint den meisten Mäusen diese Form der Bewegung wirklich Spaß zu machen, sodass sie die Laufräder auch dann nutzen, wenn ihr Heim sehr groß ist oder wenn sie viel Auslauf außerhalb ihrer Behausung haben.

Bei der Anschaffung eines Laufrades sollten Sie nach Möglichkeit auf eine Metallkonstruktion zurückgreifen, weil Kunststoffmodelle – wie bei den Schlafhäuschen geschildert – gewisse Gefahren bergen. Da fast alle Laufräder bei regelmäßiger Nutzung über kurz oder lang

Das Herumturnen an Klettergeräten macht nicht nur Spaß, sondern hält die Mäuse auch fit.

anfangen zu quietschen, müssen sie regelmäßig geölt werden. Dazu sollte man allerdings kein Maschinenöl, sondern Speiseöl oder auch Margarine verwenden, weil sich die Tiere beim Ablecken der Flüssigkeit dann nicht vergiften können.

Klettergeräte

In höheren Käfigen oder Aquarien kann man die zur Verfügung stehende Fläche durch erhöhte Sitzbretter und Plateaus weiter vergrößern. Diese Plattformen werden durch Leitern, Laufplanken, Hanfseile oder auch Äste bzw. knorrige Wurzeln miteinander verbunden, um den Tieren so die Möglichkeit zu bieten, ihren Bewegungsdrang weiter auszuleben. Außerdem sollten sich zumindest auf einigen der Plateaus Verstecke befinden, in die sich die Mäuse – bei vermeintlich drohender Gefahr – schnell zurückziehen können. Wichtig ist, dass man alle Plateaus, aber auch Leitern, Stricke und Äste zum Säubern herausnehmen kann.

Futterschalen

Futterschalen sollten aus Keramik, Ton, Steingut oder Glas sein, weil sie schwer und dadurch sehr standfest sind; außerdem werden sie nicht so leicht zernagt und lassen sich gut reinigen. Vorteilhaft ist es, wenn man die Futterschalen etwas erhöht auf eine Plattform stellt, weil sie dann weniger schnell mit Holzspänen zugescharrt werden. Das geht aber nur mit schweren Gefäßen, die von den Mäusen nicht verschoben werden können, weil sonst die Gefahr besteht, dass Tiere von einer herabfallenden Schale verletzt oder gar erschlagen werden.

> **INFO**
>
> Bei ausreichendem Angebot von Grünfutter trinken Mäuse eher wenig.

Trinkflaschen

Wasser sollte nach Möglichkeit in einer Trinkflasche und nicht in Näpfen oder Schalen bereitgestellt werden, weil es in diesen Gefäßen zu schnell verschmutzt. Da man Trinkflaschen in verschiedenen Größen kaufen kann, sollten Sie darauf achten, unbedingt ein Modell für kleine Nager zu erwerben. Empfehlenswert sind Flaschen mit einem rostfreien Edelstahlröhrchen und einem doppelten Kugelventil, damit keine Flüssigkeit auslaufen kann.

> **WICHTIG**
>
> Wenn die Tiere nie am Wasserspender zu sehen sind, sollte man vorsichtshalber einmal überprüfen, ob die Trinkflasche richtig funktioniert.

Notwendige Pflegearbeiten

Wie bei allen Haustieren fallen auch bei Farbmäusen täglich ein paar
Pflegearbeiten an, deren Erledigung man sich am besten zur Routine
macht. Normalerweise ist dafür nur ein Aufwand von wenigen Minuten notwendig; an einem Tag in der Woche sollten Sie allerdings etwa
mehr Zeit einplanen.

Eine Checkliste für die notwendigen Arbeiten könnte folgender-
maßen aussehen:

CHECKLISTE PFLEGEARBEITEN

Täglich:
- Grünfutterreste entfernen und durch frisches Futter ersetzen
- Trinkwasser erneuern
- Trockenfutter kontrollieren und auffüllen
- Nestmaterial kontrollieren und bei starker Verschmutzung entfernen
- Toilettenecke kontrollieren und feuchtes oder verschmutztes Material aus-
tauschen
- Durch genaue Beobachtung überprüfen, ob sich die Mäuse normal verhalten
oder ob unter Umständen Anzeichen für eine Erkrankung vorliegen (zum Bei-
spiel apathisches Verhalten, schmutziges Fell).

Wöchentlich:
- Auswechseln des gesamten Bodenbelages und Reinigung von Käfig und
Einrichtungsgegenständen mit warmem Wasser und ungiftigem Reinigungs-
mittel
- Auswechseln des Nestmaterials und Bereitstellung von Ersatzmaterial
- Gründliche Reinigung von Futterschalen und Wasserflasche

Regelmäßig oder bei Bedarf:
- Kontrolle der Zähne und Krallen
- Auswechseln beschädigter Käfigteile u. Ä.

Sofern man regelmäßig die Streu in den Urinecken wechselt, gilt generell, dass größere Mäusebehausungen seltener gereinigt werden
müssen als kleinere. Wie oft man ein „Mäuseheim" säubern muss,
richtet sich nach Besatzdichte und Art der Fütterung. So muss bei der
Haltung einer größeren Gruppe die Einstreu häufiger gewechselt werden, Ähnliches gilt auch bei regelmäßiger Fütterung mit Obst.

Reinigungsmittel

Als Reinigungsmittel sollten Sie nur Produkte auf Essigbasis verwenden, um die Mäuse nicht unverträglichen Substanzen auszusetzen, die unter Umständen in anderen Flüssigreinigern enthalten sind. Denn schließlich sind die gerade einmal 25 Gramm leichten Tiere bereits durch einen Bruchteil der beispielsweise für Hunde und Katzen üblichen Schadstoffdosis tödlich gefährdet.

Hausputz stiftet Unfrieden?

Nach einer umfassenden Reinigung der Behausung kommt es unter den Männchen oft zu Hierarchiekämpfen, weil die zuvor „klaren" Verhältnisse aufgrund der nicht mehr vorhandenen Duftmarken durcheinander geraten sind. Normalerweise stellt sich aber bereits nach kurzer Zeit wieder ein festes Gefüge ein, und die Querelen hören auf. Man kann diese „Hierarchie-Durcheinander" aber auch geschickt dazu nutzen, um ein neues Tier in eine seit längerem bestehende Mäusegruppe einzugewöhnen – was normalerweise sehr schwierig und für den Neuankömmling auch sehr schmerzhaft ist. Wenn die gesamte Behausung gründlich mit Wasser und Essig gereinigt wird, schafft man eine Art von „geruchsneutraler" Umgebung, in der eine fremde Maus leichter akzeptiert wird.

Falls Sie ein Desinfektionsmittel verwenden möchten, sollten Sie es unbedingt im Zoohandel kaufen und sich zuvor dort gründlich beraten lassen. Andere haushaltsübliche Mittel sind für die Reinigung von Mäusekäfigen weniger geeignet, da sie für die Tiere oft nicht ungefährlich sind.

Auf Duftsprays sollten Sie ganz verzichten, da diese „Fremddüfte" die bestehende soziale Rangordnung unter den Tieren (s. o.) durcheinander bringen können.

Befindet sich im Mäuseheim ein Weibchen mit Jungen, dann sollte man die Behausung in der ersten Zeit nach der Geburt nur sehr behutsam reinigen oder ganz auf eine Säuberungsaktion verzichten. Mäusemütter verhalten sich – so zahm und zutraulich sie normalerweise auch sind – in den ersten Tagen nach der Geburt oft ziemlich nervös und fühlen sich sogar durch den Halter bedroht. Das kann dazu führen, dass sie ihre Jungen verlassen oder diese sogar tot beißen.

TIPP Manchmal verstecken Mäuse überschüssiges Futter und markieren es mit Urin. Dadurch wird die Nahrung feucht, schimmelt und gefährdet die Gesundheit Ihrer Tiere. Aus diesem Grund sollten Sie auf solche Verstecke achten und sie regelmäßig ausräumen.

Wechseln Sie Frischobst und anderes Feuchtfutter unbedingt jeden Tag.

Freilauf und Urlaubszeit

Viele Menschen lassen ihre Pfleglinge – zumindest für einige Stunden am Tag – frei in der Wohnung umherlaufen. Ganz unproblematisch ist das allerdings nicht, denn in jedem Zimmer lauern eine Unmenge von Gefahren. So passiert es leider immer wieder, dass zahme Farbmäuse tot getreten oder in einer Tür eingeklemmt werden, in einer Blumenvase ertrinken, ein Stromkabel annagen oder eine giftige Zimmerpflanze fressen.

Auch wenn es nicht zu derart dramatischen Vorfällen kommt, müssen viele Tiere nach dem täglichen Auslauf wieder eingefangen werden, weil sie überhaupt nicht daran denken, aus der gemütlichen Dunkelheit unter Sofa oder Schrank hervorzukommen. Und dieses Einfangen bedeutet jedes Mal unnötigen Stress für die Tiere – und oft auch für den Menschen –, was in beiden Fällen nicht gesundheitsfördernd ist.

Wer also mehrere Tiere in einer ausreichend großen und fantasievoll eingerichteten Behausung hält, sollte auf einen Freilauf verzichten. Das heißt nicht, dass man seine Tiere nicht aus dem Käfig nehmen und sich mit ihnen beschäftigen sollte, aber man macht das am besten unter „kontrollierten Bedingungen".

Tipps für die Urlaubszeit

Die für den Menschen „schönsten Wochen des Jahres" zählen für Haustiere nicht selten zu den weniger angenehmen Zeiten.

Einmal entwichene Mäuse lassen sich oft nur schwer wieder einfangen.

Glücklicherweise sind aber Farbmäuse nicht so personenbezogen wie viele Hunde oder Katzen, sodass man ihre Pflege für die Urlaubszeit durchaus anderen Menschen anvertrauen kann. Ideal wäre jemand, der auch Farbmäuse besitzt und dessen Tiere man dann im Gegenzug selbst betreuen kann. Da die kleinen Nager jedoch problemlose Pfleglinge sind, kann man sie auch ruhigen Gewissens Verwandten oder Freunden anvertrauen, die auf diesem Gebiet noch unerfahren sind.

Vergewissern Sie sich in einem solchen Fall aber, dass die entsprechende Person genau weiß, was die Mäuse benötigen, und zeigen Sie dem Helfer gegebenenfalls, worauf er achten muss.

Zusätzlichen Kosten entstehen dagegen, wenn man seine Tiere in eine Tierpension gibt oder eine professionelle Urlaubsvertretung, wie man sie in vielen Städten über eine entsprechende Agentur anheuern kann, mit der Betreuung seiner Mäuse zu beauftragt. Auf Wunsch werden in einem solchen Fall auch noch gleich die Blumen gegossen und der Briefkasten geleert, was die Urlaubsplanungen zumeist weiter erleichtert. Vergessen Sie aber auch hier auf keinen Fall, die entsprechende Person sorgfältig einzuweisen.

Die Mäuse mit in den Urlaub zu nehmen ist meist keine gute Idee, weil eine Autofahrt in sommerlicher Hitze oder ständiger Zugluft – infolge geöffneter Autofenster – sich schnell als tödlich für die Tiere erweisen kann.

WICHTIG

Lassen Sie Ihre Mäuse nicht für längere Zeit mit Futtervorrat und Wasserflasche allein. Versagt die Technik, dann endet das für die Tiere tödlich.

CHECKLISTE URLAUBSBETREUUNG

❧ Wasserbehälter reinigen und Wasser wechseln.
❧ Wurde die Mäusebehausung noch einmal gründlich gereinigt?
❧ Ist genug Nahrung für den gesamten Zeitraum der Abwesenheit vorhanden?
❧ Liegt ein Merkzettel für den „Mäuse-Sitter" bereit?
❧ Enthält dieser folgende Angaben:
  1. Speiseplan und Besonderheiten bei der Zubereitung der Nahrung
  2. Pflegeplan
  3. Telefonnummer, unter der man zu erreichen ist
  4. Adresse und Sprechzeiten des Tierarztes, der die Mäuse im Notfall behandeln kann

Am besten kümmern Sie sich schon beizeiten um eine geeignete Betreuung während der Urlaubszeit.

Farbmäuse gesund ernähren

Fragt man nach den vermeint-
lichen Lieblingsspeisen von Mäusen,
werden häufig Speck oder Käse an
erster Stelle genannt. Lässt man allerdings seinen Tieren die Wahl, dann
werden die meisten Körner und Sämereien bevorzugen.

*Obwohl Mäuse Käse angeb-
lich zum Fressen gern haben,
finden ihn die meisten dieser
kleinen Nager als Kletterfel-
sen viel interessanter.*

Diese Vorliebe ist allerdings auch nicht weiter verwun-
derlich, denn immerhin haben sich Mäuse über Jahr-
tausende fast ausschließlich von Körnern und Samen
ernährt. Obwohl Hausmäuse, seit sie mit Menschen
unter einem Dach leben, eher zu Allesfressern gewor-
den sind, also fast jedes Futter nehmen, das sie ergat-
tern können – darunter eben auch Käse und Speck –,
so stellen die seit Jahrmillionen bewährten Futter-
quellen immer noch die Hauptnahrung dar.

Vielseitigkeit ist gefragt

Farbmäuse sollten als Hauptnahrung eine sorgfältig
zusammengestellte Körnermischung bekommen. Denn
genau wie menschliche Nahrung muss auch das Futter
der Mäuse ausgewogen und abwechslungsreich sein,
damit es nicht zu Mangelerscheinungen kommt und
die Tiere ein langes und gesundes Leben führen.

Informationen über die richtige Zusammensetzung
einer Körnermischung bzw. wertvolle Tipps darüber,
was man Farbmäusen sonst noch zu fressen geben
kann, finden Sie auf den nächsten Seiten (u. a. wie Sie
selbst vitaminreiches Grünfutter züchten, bzw. welche
Details Sie bei der Ernährung trächtiger Weibchen beachten sollten).

Das mögen Ihre Farbmäuse

TIPP Während der
Trächtigkeit und
bei der Aufzucht von
Jungtieren sollten Sie den
Farbmäusen zusätzlich Mi-
neralstoffe geben. Geeig-
nete Mischungen, die ein-
fach auf das Körnerfutter
gestreut werden, gibt es
im Fachhandel.

Die Fütterung von Farbmäusen ist sehr einfach. Vieles, was man in Haus und Garten hat, lässt sich verwenden; alles andere bekommt man wohl ausgewogen im Zoofachhandel.

Körnerfutter

Wie bereits erwähnt, sollte es sich bei der Grundnahrung für ihre Pfleglinge um eine Mischung aus stärkereichen Körnern und Samen handeln. Eine solche Körnermischung kann man im Fachhandel kaufen, Sie können das Futter aber auch selbst mischen. Ein gutes Mäusegrundfutter enthält Weizen, geschälten Hafer, Gerste, Mais, Naturreis, Hirse, Glanz und Grassamen (jeweils bis zu zehn Prozent), ferner Buchweizen, Sonnenblumenkerne und Leinsaat, die – weil sie ziemlich fettreich sind – allerdings nur in kleineren Mengen (eins bis fünf Prozent) beigemengt werden. In größeren Zoohandlungen gibt es manchmal „Körnertheken" mit einer großen Auswahl von Sämereien, die man sich selbst abwiegen kann, sodass die Zusammenmischung des Futters dort besonders einfach ist.

Übrigens: Vitamingaben sind bei der Fütterung mit ausreichend Feuchtfutter normalerweise nicht erforderlich.

Exklusivfutter

Futter in gepresster Form, das einst sehr sorgfältig für die unzähligen Labormäuse in aller Welt entwickelt wurde, wird von Farbmäusen nicht nur recht gern gefressen, sondern enthält außerdem alles, was die Tiere an Nähr- und Mineralstoffen, Vitaminen und Spurenelementen benötigen. Neben der Ausgewogenheit hat die Fütterung mit Pellets, wie die Pressfutterstückchen genannt werden, den großen Vorteil, dass die Mäuse sich nicht einseitig ernähren können. Dies kommt bei Körnermischungen häufiger vor, weil sich die Tiere bestimmte Körner oder Samen heraussuchen – und das sind normalerweise die besonders fettreichen. Damit die Ernährung nicht zu eintönig wird, sollten Sie regelmäßig zwischen einer Körnermischung und Pelletfutter wechseln.

Abwechslungsreiches und artgerechtes Futter ist auch bei Mäusen der Schlüssel zu einem langen Leben.

Feuchtfutter

Unter Feucht- bzw. Saftfutter fasst man frische Nahrungsmittel wie Obst, Gemüse und Kräuter zusammen, die man seinen Mäusen unbedingt regelmäßig anbieten sollte. Wichtig ist dabei, das leicht verderbliche Saftfutter täglich zu erneuern, da verschimmelte Futterreste das Krankheitsrisiko erheblich vergrößern.

Als Frischfutter geeignet sind beispielsweise Salatgurken, Möhren und Endiviensalat, aber auch Wildkräuter wie Vogelmiere, Löwenzahn oder Hirtentäschelkraut. Ebenfalls gern gefressen werden Äpfel, Melonen, Birnen, Bananen, Weintrauben, Himbeeren, Erdbeeren, Aprikosen, Kirschen, Pflaumen und Pfirsiche. Bei den letztgenannten Obstsorten entfernt man am besten die leicht blausäurehaltigen Kerne, damit sich die Tiere nicht vergiften. Viele Mäuse fressen außerdem gern Keimfutter (s. u.).

Für Farbmäuse ungeeignet sind Kohl und Zwiebelgewächse, aber auch saures Obst, beispielsweise Orangen. Wichtig ist außerdem, dass das angebotene Saftfutter nicht mit Insektenschutz- oder anderen Spritzmitteln behandelt wurde. Wildpflanzen sollten nur an unbelasteten Standorten gesammelt werden, also beispielsweise nicht an den Rändern stark befahrener Straßen.

> **WICHTIG**
>
> Waschen Sie alle Arten von Feuchtfutter vor der Verfütterung vorsichtshalber ab, und lassen Sie es anschließend gut abtropfen und trocknen. Feucht in die Behausung gelegtes Futter schimmelt sehr schnell und verursacht dann nicht selten Verdauungs- oder auch Atemwegsbeschwerden.

Lebendfutter und Fleischnahrung

Wild lebende Hausmäuse gehen zwar nicht auf die Jagd nach Insekten oder anderen Kerbtieren, aber wenn ihnen eine Spinne oder ein Käfer über den Weg läuft, landen diese nicht selten im nimmersatten Magen des kleinen Nagers. Daher können Sie auch Ihren Farbmäusen immer wieder einmal tierische Nahrung anbieten, damit sie ihren Proteinbedarf decken können. Das gilt vor allem für trächtige oder säugende Weibchen, die proteinreichere Kost zur Versorgung der Embryonen bzw. zur Milchbildung brauchen.

Zur Verfütterung eignen sich Mehlwürmer (Zoofachhandel), aber auch andere Insekten oder deren Larven, die man im Sommer überall findet. Wer sich nicht überwinden kann, lebende Tiere zu verfüttern, kann es auch mit gekochtem Hühnerfleisch, geschnittenem Rinderherz oder anderem magerem Fleisch (stets ungewürzt) versuchen. Gern gefressen werden auch Käse und hart gekochtes Ei.

Trinkwasser und Fütterungstipps

Da Körnerfutter sehr trocken ist, sollten die Mäuse stets frisches Wasser zur Verfügung haben. Das gilt auch, wenn sie täglich Feucht-futter bekommen.

Trinkwasser

Frisches Wasser bietet man möglichst in einen Trinkautomaten an, weil die Tiere in einen Napf gefüllte Flüssigkeit sehr schnell verunrei-nigen. Im Regelfall können Sie getrost Leitungswasser verwenden. Wenn das jedoch zu stark gechlort ist, wird es von den Mäusen unter Umständen verschmäht. Sollten Sie den Eindruck haben, dass Ihre Tiere wenig trinken, geben Sie ihnen besser Regen- oder Mineralwas-ser. Letzteres darf allerdings keine Kohlensäure und auch nicht zu viel Natrium enthalten.

Futtermenge

Auch bei Mäusen gibt es unterschiedlich starke Fresser, sodass man keine ganz genaue Empfehlung für die richtige Futtermenge geben kann. Als Faustregel sollte jede Maus täglich etwa zehn bis zwölf Gramm Körner bekommen, was etwa einem Esslöffel entspricht. Die-ses Futter sollte innerhalb eines Tages völlig aufgefressen sein. Bleibt Futter übrig, kann man die Menge etwas verringern, im umgekehrten Fall geben Sie etwas mehr.

Achten Sie aber darauf, dass nicht ein Teil der Körner irgendwo im Käfig versteckt wurde, denn manche Mäuse legen ganz gerne Vorräte an – selbst dann, wenn sie jeden Tag einen vollen Futternapf vorfinden.

Außerdem sollten die Tiere täglich etwas Feuchtfutter angeboten bekommen, beispielsweise ein Stück Möhre oder Banane, eine Portion Keimfutter oder auch ein paar Weintrauben.

Knabberstangen oder auch besondere Leckerbissen, beispielsweise Kolbenhirse oder ein Stück hart gekochtes Ei, gibt man den Tieren da-gegen nur alle paar Tage.

Futterautomaten

Zur Fütterung Ihrer Farbmäuse können Sie auch einen Futterautomaten verwenden, der den Vorteil hat, dass er nur etwa einmal pro Woche neu gefüllt werden muss. Allerdings haben solche Automaten auch Nachteile. Zwar überfressen sich Mäuse normalerweise auch dann nicht, wenn ihnen zu viel Futter angeboten wird, viele Tiere suchen sich aber ausschließlich ihre Lieblingskörner heraus – und das sind oft genau die sehr fetthaltigen und daher im Übermaß ungesund. Sie umgehen dieses Problem, indem Sie den Automaten mit Pellets füllen; hier können die Tiere nichts aussortieren.

Vitaminfutter selbst gemacht

Vitaminreiches Keimfutter, das von den Farbmäusen gern gefressen wird, können Sie das ganze Jahr über sauber und unproblematisch selbst herstellen. Weichen Sie die Körner der Samenmischung (Hauptfutter) über Nacht in Wasser ein, legen sie anschließend zwischen zwei feuchte Küchentücher und stellen alles an einen warmen, dunklen Platz. Bereits nach 24 Stunden können die ersten Keimlinge verfüttert werden.

> **WICHTIG**
>
> Als „Zahnbürste" sollten die Tiere regelmäßig harte Samen, altbackenes Brot oder spezielle Knabberstangen zum Zernagen erhalten. Gut zur Zahnpflege eignen sich auch Zweige von Birken, Buchen, Weiden, Hasel und Obstbäumen.

TIPP Obst, das mit der Schale verfüttert wird, sollte zuvor abgewaschen werden, da selbst geringe Gift- oder Schadstoffmengen Verdauungsprobleme auslösen können. Trocknen Sie das Obst immer gut ab, weil es sonst schnell verdirbt.

Vor allem im Sommer muss das Trinkwasser täglich erneuert werden.

So bleiben Ihre Farbmäuse gesund

Bei guter Pflege haben unsere Farbmäuse eine deutlich längere Lebenserwartung als frei lebende Hausmäuse. Das liegt vor allem daran, dass die Tiere optimal ernährt werden und durch hygienische Haltung vor vielerlei Infektionen geschützt sind.

Durch hygienische Haltung, ausreichend Bewegungsmöglichkeiten und gesunde Ernährung lassen sich viele Krankheiten vermeiden.

Aber wenn eine unserer Mäuse doch einmal krank wird, kann man immer noch viel für ihre Genesung tun.

Voraussetzung für eine erfolgreiche Behandlung ist allerdings, die Krankheit möglichst früh zu erkennen, weil die leichtgewichtigen Tiere selbst harmloseren Krankheiten oftmals nicht viel entgegenzusetzen haben. Daher sollten Sie den Gang zum Tierarzt nicht hinauszögern, wenn der Verdacht besteht, dass eines Ihrer Tiere krank ist. Zwar ist die Behandlung von Mäusen nicht ganz einfach, denn die auftretenden Krankheitsbilder können ganz unterschiedliche Ursachen haben, was eine Diagnose erschwert. Je schneller aber etwas unternommen wird, desto größer stehen die Chancen für eine Heilung.

Vorbeugen

Noch besser ist es aber natürlich, wenn es bei unseren Mäusen erst gar nicht zu Krankheiten kommt. Tatsächlich lassen sich viele Erkrankungen durch eine hygienische Haltung in nicht zu kleinen Käfigen und eine artgerechte Fütterung vermeiden, sodass man unbedingt für eine regelmäßige Reinigung des Nagerheims sorgen sollte, damit es nicht zu Infektionen oder Ungezieferbefall kommt.

Krankheiten frühzeitig erkennen

Wie bereits erwähnt, ist eine frühzeitige Erkennung von Krankheiten besonders wichtig, weil sich jede Erkrankung im Frühstadium viel erfolgreicher behandeln lässt. Aus diesem Grund sollten Sie sich Ihre Tiere täglich einige Minuten genau anschauen, um mögliche krankhafte Veränderungen sofort bemerken zu können.

Ein guter Zeitpunkt für die genaue Beobachtung der Tiere ist die tägliche Fütterung, weil viele Krankheiten mit Fressunlust oder apathischem Verhalten verbunden sind. Außerdem lassen sich dabei auch die Zähne recht gut unter die Lupe nehmen, da lange Schneidezähne den Tieren oft Probleme beim Fressen bereiten.

Wichtig sind auch vorbeugende gesundheitsfördernde Maßnahmen: So sollten Sie beispielsweise die Tiere nicht zu sehr mit Leckerbissen verwöhnen, obwohl das bei den putzigen Farbmäusen sicherlich nicht ganz leicht sein wird. Da aber übergewichtige Mäuse in der

Stellen Sie Ihre Mäuse nicht an einen zugigen Platz, weil die Tiere sonst leicht eine Erkältung oder Lungenentzündung bekommen.

Regel nicht allzu lange leben, sollte man sich diesbezüglich doch möglichst zurückhalten.

Wie bei allen Tieren, können auch bei Farbmäusen bestimmte Erbkrankheiten auftreten. Von den so genannten Tanz- und Pfeifmäusen war ja bereits die Rede, aber es gibt auch noch andere, erblich erworbene Anomalien, etwa Zwergwuchs, Zahn- und Schwanzdeformationen oder verkrüppelte Füße. Findet man in einem Wurf Tiere mit solchen Schädigungen, bleibt in vielen Fällen nur, die Jungen einschläfern zu lassen, da die Krankheiten nicht behandelbar sind, die Mäuse aber auch kein normales Leben führen können.

In der folgenden Liste sind einige typische Veränderungen im äußeren Erscheinungsbild sowie auch im Verhalten gegenübergestellt, an denen Sie sich beim „Gesundheits-Check" Ihrer Farbmäuse orientieren können.

Beobachten Sie Ihre Tiere möglichst genau und merken Sie sich die Symptome gut, damit Sie dem Tierarzt später eine genaue Beschreibung des Krankheitsbildes geben können, weil das die Diagnose in vielen Fällen erheblich erleichtert.

CHECKLISTE GESUNDHEIT

Gesunde Maus	Kranke Maus
Aktiv und neugierig	Apathisch, oft eingekrümmt in einer Ecke sitzend
Dichtes, glattes Fell, nicht gerötete Haut	Gesträubtes Fell oder kahle Stellen, gerötete oder verschorfte Hautstellen
Trockene, unverklebte Augen	Nässende, verklebte Augen
Normale, unhörbare Atemgeräusche	Deutlich hörbare Atemgeräusche oder häufiges Niesen
Sichere, geschickte Bewegungen	Gleichgewichtsstörungen, Lähmungserscheinungen, Sehstörungen
Gelegentliche Fellpflege	Häufiges Kratzen
Gesunder Appetit	Appetitlosigkeit, Futter wird verweigert
Sauberes Fell in der Afterregion	Verschmutztes Fell aufgrund von Durchfall
Schlank, aber nicht dünn	Abgemagert
Zähne bei geschlossenem Maul nicht sichtbar	Zähne bei geschlossenem Maul sichtbar

Die häufigsten Krankheiten

Gerade bei Mäusen ist eine einigermaßen sichere Diagnose für den Laien sehr schwierig. Aber es gibt doch einige typische Symptome, an denen sich zumindest eine Reihe von Beschwerden erkennen lassen.

Erkältungen

Zu Erkältungen kommt es hauptsächlich, wenn die Mäuse zu großen Temperaturschwankungen ausgesetzt werden oder wenn der Käfig an einem zugigen Platz steht. Auch wenn es in einem Nagerheim zu feucht ist, ziehen sich Farbmäuse leicht Erkältungen zu. Typische Anzeichen hierfür sind häufiges Niesen, hörbare Atemgeräusche und oft auch verklebte Augen. Bessert sich der Zustand des Tieres nicht, muss ein Tierarzt aufgesucht werden, damit es nicht zu einer Lungenentzündung kommt.

Mit dem Tierarztbesuch sollte man nicht zu lange warten, denn eine rechtzeitige Behandlung erhöht die Chancen, dass die Tiere schnell wieder gesund werden.

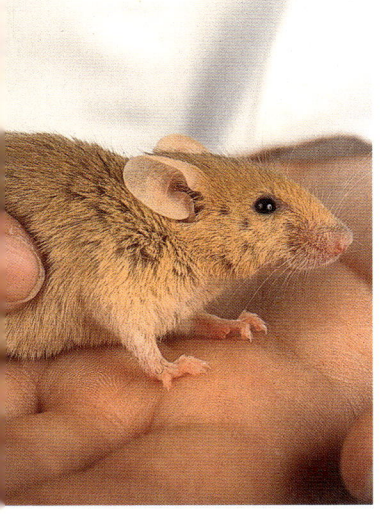

Parasitenbefall

Die genaue Ursache für einen plötzlichen Befall mit Milben, Läusen oder Flöhen lässt sich meist nur schwer ausmachen; dafür sind die Symptome aber um so eindeutiger: starker Juckreiz (verbunden mit häufigem Kratzen), Haarausfall (zu erkennen an kahlen Stellen) und Hautreizungen (verbunden mit Rötungen oder Schorfbildung). Die Behandlung mit Puder oder Spray aus dem Zoofachhandel oder vom Tierarzt ist normalerweise erfolgreich.

Auch die Gründe für Wurmbefall (Band- oder Spulwürmer) bleiben oft im Dunkeln. Wenn Ihre Tiere plötzlich stark abmagern, kann es daran liegen, dass sich Würmer im Magen-Darm-Trakt der Mäuse eingenistet haben. Mithilfe einer Kotprobe kann der Tierarzt feststellen, ob tatsächlich ein Wurmbefall vorliegt und eine entsprechende Arznei verschreiben.

Durchfall

Durchfallerkrankungen sind normalerweise leicht am verschmutzten und verklebten Fell im Bereich des Afters zu erkennen; häufige Ursachen sind ungeeignetes oder verdorbenes Futter, aber auch bakterielle Infektionen. Da sich die genauen Ursachen zumeist nicht feststellen lassen, sollte man die erkrankte Maus vorsichtshalber isolieren, damit die übrigen Tiere im Falle einer bakteriellen Erkrankung nicht angesteckt werden. Sollte sich der Zustand des kranken Tieres, das vorübergehend kein Feuchtfutter bekommt, nicht innerhalb eines Tages verbessern, dann muss unbedingt ein Tierarzt konsultiert werden.

Zahnprobleme

Mäuse müssen ihre Zähne regelmäßig abnutzen, weil diese sonst zu lang werden; die Tiere können dann nicht mehr richtig fressen oder sogar das Maul nicht mehr schließen. Wenn Sie die Zähne einer Ihrer Farbmäuse auch bei geschlossenem Maul sehen können, sollten Sie möglichst bald einen Tierarzt aufsuchen. So weit muss es aber nicht kommen, denn wenn Sie Ihren Tieren regelmäßig etwas zum Nagen anbieten, etwa hartes Brot, Nagestangen oder auch frische Zweige, lassen sich diese Probleme normalerweise vermeiden.

Lebenserwartung

Allerdings muss nicht jede äußerliche Veränderung oder Verhaltensauffälligkeit unbedingt auf eine Krankheit zurückzuführen sein, sondern kann auch mit dem natürlichen Alterungsprozess zu tun haben. Zwar gibt es unter Farbmäusen immer wieder wahre Methusaleme, die sechs oder mehr Jahre alt werden, doch liegt das Durchschnittsalter unserer Tiere normalerweise eher bei drei Jahren. Daher muss man damit rechnen, dass bei den Mäusen bereits im Alter von zwei bis zweieinhalb Jahren die ersten Alterserscheinungen auftreten. Oft sind die Tiere dann nicht mehr so agil wie früher, ihr Fell zeigt erste kahle Stellen und glänzt nicht mehr wie in alten Tagen. Außerdem magern ältere Mäuse nicht selten sehr rasch ab. In solchen Fällen sollten Sie dem entsprechenden Tier jetzt viel Ruhe gönnen und Verständnis dafür aufbringen, dass es nicht mehr so freudig auf Ihre Hand läuft. Und wenn Sie den Eindruck haben, dass sich das Tier quält und kein normales Mäuseleben mehr führen kann, dann sollten Sie nicht den Weg zum Tierarzt scheuen und es einschläfern lassen. Das ist dann meist alles, was Sie für Ihren Schützling noch tun können.

WICHTIG

Falls eine Maus längere Zeit von den übrigen Tieren getrennt wurde, beispielsweise aufgrund einer ansteckenden Krankheit, wird sie u. U. beim Zurücksetzen von ihren Artgenossen recht unfreundlich behandelt werden, weil sie offenbar nicht mehr den richtigen „Stallgeruch" hat. Daher sollten Sie das Geschehen in einem solchen Fall genau beobachten und notfalls eingreifen, denn frisch genesene Tiere vertragen derartigen Stress oft nur schlecht und erleiden dann manchmal einen Rückfall.

Was du im Umgang mit deinen Farbmäusen beachten musst

Farbmäuse sind sehr zarte Lebewesen. Sie wiegen gerade einmal
25 Gramm – halb so viel wie ein
Fruchtzwerg – und haben sehr
zerbrechliche Knochen. Geh stets
sehr behutsam mit ihnen um.

Mäuse sind nicht gern allein. Daher
solltest du mindestens zwei Tiere
halten, weil sie sich dann viel
wohler fühlen.

Weil Mäuse draußen in der Natur
viele Feinde haben, müssen sie

Vorsicht:

stets auf der Hut vor Gefahren sein.
Daher verstecken sie sich gern in
sicheren Erdbauten und Höhlen.
Auch deine zahmen Farbmäuse
brauchen unbedingt Versteckmöglichkeiten in ihrer Behausung.

Auf frei laufende Mäuse lauern in einer Wohnung zahlreiche Gefahren:
Jemand kann versehentlich auf sie
treten, sie können in einer Tür eingeklemmt werden oder an einer giftigen
Zimmerpflanze nagen. Pass also
immer gut auf, wenn deine Mäuse
frei umherlaufen.

Besonderheiten deiner Farbmäuse

 Mäuse können sich unglaublich dünn machen, wenn sie durch einen schmalen Spalt schlüpfen wollen. Das ist besonders für frei lebende Mäuse sehr wichtig, denn nur so können sie auf der Flucht vor einer Katze in den kleinsten Löchern und Spalten verschwinden. Daher schlüpfen sie aber auch leicht durch zu weit auseinander stehende Gitterstäbe.

 Mäuse sind sehr aktive Tiere, die sich viel bewegen wollen. Daher solltest du ihnen unbedingt ein Laufrad und ein paar Klettermöglichkeiten bieten, an denen sie sich austoben können. Farbmäuse laufen oft auch während der Nacht in ihrer Behausung umher. Wenn du durch das Getrippel und Geraschel der Tierchen nachts geweckt wirst, stellst du sie besser in einen anderen Raum, damit du ruhig schlafen kannst.

 Vorsicht:
Mäuse fühlen sich in dunklen Verstecken besonders wohl und sicher. Daher kann es pas-

sieren, dass sie in den Ärmel oder Kragen deines Pullovers oder in die Brusttasche deines Hemdes schlüpfen, wenn sie auf dir herumlaufen. Dort bleiben sie häufig ganz ruhig sitzen und werden dann durch unbedachte Bewegungen verletzt.

KINDER SPEZIAL

So lebten die Vorfahren unserer Farbmäuse

Wie du weißt, gibt es neben Hausmäusen, von denen unsere Farbmäuse abstammen, eine ganze Reihe anderer Tiere, die ebenfalls mit uns Menschen unter einem Dach leben, etwa Pferde, Kühe, Hunde oder Katzen. Doch während die eigentlichen Haustiere ihr Leben in unmittelbarer Nähe des Menschen nicht freiwillig gewählt haben, sondern von unseren Urahnen gefangen, gezähmt und weitergezüchtet wurden, folgten die Mäuse dem Menschen ohne jeden Zwang.

Zunächst lebten Menschen und Mäuse unbeteiligt nebeneinander. Das änderte sich jedoch, als sich die Menschen feste Hütten und Häuser bauten und begannen, Getreidefelder anzulegen und Rinder, Pferde und Schafe zu züchten. Nun lernten die Mäuse sehr schnell, dass ein Leben in unmittelbarer Nähe unserer

Urahnen große Vorteile hatte: Schließlich legten diese jetzt Vorräte an, um sich und ihre Haustiere über den Winter zu bringen. Und diese Vorratslager zogen die kleinen Nager magisch an.

Selbstverständlich fanden es schon die Menschen der Urzeit gar nicht toll, dass die Mäuse ihnen die mühsam angelegten Vorräte wegfraßen, doch hatten sie vermutlich wenig Erfolg, die kleinen Nager vom Stibitzen abzuhalten. Trotz aller Schutzmaßnahmen nagten sich die Mäuse immer wieder durch die Speicherwände.

Unsere heutigen Farbmäuse haben es schließlich sogar geschafft, dass wir ihnen freiwillig Unterkunft und Futter geben. Aber dafür belohnen sie uns mit ihrem putzigen und liebenswerten Verhalten.

So kannst du eine Mäuseburg selbst bauen

Weil Mäuse sehr neugierige und lebhafte Tiere sind, klettern sie gern auf Gegenständen herum oder untersuchen Höhlen und Gänge, ob diese sich als Unterschlupf eignen oder vielleicht etwas Fressbares enthalten. Daher ist eine Mäuseburg eine ideale Spiel- und Wohnlandschaft für deine Farbmäuse, vor allem, wenn du von Zeit zu Zeit kleine Leckerbissen versteckst und die „Spielgeräte" neu verteilst, um die Burg wieder etwas interessanter zu machen.

Am einfachsten baut man sich eine Mäuseburg aus einem nicht zu kleinen, 70 bis 80 Zentimeter hohen Tisch mit ein bis zwei erhöhten Plattformen; diese bestehen aus nicht zu glatten, beschichteten Brettern (frage deine

Eltern, was damit gemeint ist). Die Plattformen verbindest du mit Leitern, Laufbrettern oder dünnen Seilen; außerdem bekommt der Tisch eine Umrandung aus etwa fünf bis zehn Zentimeter hohen Plexiglasleisten, die verhindern sollen, dass Holzspäne herausfallen und die Mäuse Spielgeräte oder Futterstücke über den Rand schieben. Zum Schluss verteilst du noch ein paar Spielgeräte auf Tischplatte und Plattformen, beispielsweise Laufräder oder Papprröhrchen. Wenn du dann noch ein Trinkgefäß anbringst und Futterschalen sowie Schlafhäuschen hineinstellst, hast alles getan, damit deine Mäuse sich in einer gemütlichen und abwechslungsreichen Wohn- und Spiellandschaft tummeln können.

Serviceseiten

Wichtige Adressen

Bundesarbeitsgruppe
Kleinsäuger
Herrn Uwe Wurlitzer
Schulzoo Leipzig e. V.
Binzer Straße 14
04207 Leipzig
Tel./Fax: 03 41/4 40 49 51
(16.00 – 18.00 Uhr)
E-Mail: bag@schulzoo.de

Verein für Nagetiere und
Kleinsäuger (VNK)
Herrn Detlev Warmbier
Gladbecker Straße 286
46240 Bottrop
E-Mail: gismofarm@gmx.de
Internet: www.nagetier-
vnk.de

Zentralverband Deutscher
Meerschweinchen- und
Nagervereine
Herrn Martin Mantel
Dr.-Ambundi-Straße 27
97437 Haßfurt
Tel./Fax: 0 95 21/14 30

Zentralverband Zoologischer
Fachbetriebe Deutschlands
e. V. (ZZF)
Geschäftsstelle
Postfach 1420
63204 Langen
Tel.: 0 61 03/91 07-0
Fax: 0 61 03/91 07-33
E-Mail: info@zzf.de
Internet: www.zzf.de

Weiterführende Literatur

Bielfeld, Horst: Mäuse.
Gräfe und Unzer, München
1999
Gaßner, Georg: Mäuse,
Ratten und Rennmäuse.
Eugen Ulmer, Stuttgart 1997
Lauer, Isabella: Kleintiere.
Unsere liebenswerten Freun-
de. Neuer Honos Verlag, Köln
1999
Neijgh van Lier, Desiree: Mäu-
se richtig halten. Landbuch,
Hannover 1998
Rohrbach, Carmen: Unsere
Mäuse. Kosmos, Stuttgart
1997
Viner, Bradley: Mäuse. Kynos,
Mürlenbach/Eifel 1998

Spezialtipp für Tierfreunde

Lebendig und naturgetreu
wirken Tiere auf Kohlezeich-
nungen von Martine Tunnat.
Sie fertigt die Bilder nach
Fotos an. Ein Porträt (Format
30 x 40 cm) kostet 170 Mark
(86,79 €) plus Versandkosten.
Anschrift:
Martine Tunnat
Weiherstraße 2
71546 Aspach
Tel.: 0 71 91/2 09 75
Fax: 0 71 91/2 33 64

Sie finden uns im Internet:
www.falken.de

Der Text dieses Buches entspricht den
Regeln der neuen deutschen Recht-
schreibung.

ISBN 3 8068 2711 7

© 2001 by FALKEN Verlag in der
Verlagsgruppe FALKEN/Mosaik,
einem Unternehmen der Verlagsgruppe
Random House GmbH,
65527 Niedernhausen/Ts.

Umschlaggestaltung: Peter Udo Pinzer
Projektleitung: Carina Janßen
Redaktion: Gerald Bosch, Düsseldorf
Fotos: Frank Hecker, Panthen-Hammer:
S. 11; alle übrigen: Ulrike Schanz,
Heimstetten
Illustrationen: Eva Wagendristel,
Berlin

Satz: MGX Media GmbH, Wiesbaden
Reproduktion: Lithotronic, Frankfurt
Druck: Appl, Wemding

817 2635 4453 6271

Register

Pflegefehler – und die richtige Lösung

Die Mäuse haben Langeweile

✤ Ihre Mäuse zernagen innerhalb kürzester Zeit das Schlafhäuschen oder andere Einrichtungsgegenstände.

✤ Wahrscheinlich ist es Ihren Mäusen zu langweilig oder sie finden zu wenig hartes Material, um ihren Nagetrieb auszuleben. Stellen Sie den Tieren ein Laufrad zur Verfügung und legen Sie regelmäßig trockene Brotkanten, frische Äste oder Knabberstangen in das Nagerheim.

Die Mäuse bekommen oft eine Erkältung

✤ Ihre Mäuse sind sehr häufig erkältet.

✤ Der Käfig steht an einer sehr zugigen Stelle oder es ist zu feucht in der Mäusebehausung, vielleicht weil die Trinkflasche ständig tropft.

Stärkere Geruchsbelastung

✤ Das Nagerheim beginnt einige Wochen nach dem Kauf Ihrer Tiere spürbar unangenehm zu riechen, obwohl Sie es regelmäßig reinigen.

✤ Möglicherweise besitzen Sie ein Schlafhäuschen aus Holz, in das nun Mäuseurin hineingesickert ist. Wenn eine gründliche Reinigung nicht hilft, sollten Sie Häuschen aus Ton oder Keramik anschaffen, die den Harn nicht so leicht aufnehmen und sich vor allem besser säubern lassen.

Die Mäuse sind zu dick

✤ Die Ursache für übergewichtige Mäuse ist fast immer falsche Ernährung oder mangelnde Bewegung.

✤ Reduzieren Sie den Anteil fettreicher Samen, wenn Sie das Körnerfutter für die Mäuse selbst zusammenmischen. Achten Sie bei einer handelsüblichen Körnermischung darauf, dass die Tiere sich nicht nur bestimmte Sämereien heraussuchen und füttern Sie gegebenenfalls vorübergehend nur Pellets. Vergessen Sie nicht, zusätzliche Leckerbissen in die tägliche Futtermenge miteinzuberechnen. Sorgen Sie für mehr Bewegungsmöglichkeiten, etwa durch ein Laufrad oder zusätzliche Klettermöglichkeiten.